CORMORAN

BALI

Fließende Bewegungen voll Anmut und Grazie – Tänzerin eines Ramayana-Balletts.

CORMORAN

BALI

Fotos: Otto Stadler
Ernst Hermann Ruth
Text: Rüdiger Siebert
Marina Tetzner

Naturwunder aus menschlicher Hand – Reisterrassen, hier bei Pujung.

INHALT

Tempel der Meeres- und Seengöttin von Ulu Watu im Südwesten der Halbinsel Bukit.

AUF DER SUCHE NACH DEM VERLORENEN PARADIES

Diese Nacht werde ich nicht vergessen. Die Nacht, da ich zum ersten Mal einen Kecak sah, hörte, erlebte, ach was: rauschhaft gebannt in mich aufnahm. Vor vielen Jahren war das, als ich begann, Bali für mich zu entdecken. Jeder, der dem legendären Ruf der Insel folgt, hat sein ganz persönliches Erlebnis bei der ersten Begegnung – die ihn einfängt oder abstößt, die packt oder anwidert, die nur eins nicht zuläßt: ein gelangweiltes Achselzucken. Eine einzige Insel unter mehr als dreizehntausend indonesischen Eilanden ist's, mit 5561 Quadratkilometern eine der kleinen, und doch hat jeder, der sich auf sie einläßt, ein Verhältnis zu Bali wie zu keiner anderen Insel. Kecak rangiert in den einschlägigen Büchern unter der Rubrik Tanz. Ein weit gefaßtes Wort; zu allgemein, um das zu benennen, was mein Bild von Bali seit jener ersten Kecak-Nacht geprägt hat. Mit der überraschenden Urkraft eines Vulkanausbruchs war Kecak auf mich eingestürmt.

Ich war auf den Sanftmut der Bewohner Balis eingestimmt gewesen, kam voller Erwartung verführerischer Düfte und auf der Suche nach harmonischem Wohlbefinden – wovon all die Reisenden vor mir geschwärmt hatten – und wollte herausfinden, was den Zauber der Insel ausmacht, der die von Kälte und Streß geplagten Abendländer so nachhaltig anlockt. Ich hatte mich Bali behutsam genähert, war nicht – wie dann später immer wieder – übergangslos und ohne Feinabstimmung der Sinne durch die Lüfte eingeflogen, die im Zeitalter des düsengetriebenen Massentourismus den Eindruck verwehren, an den Gestaden einer Insel zu landen, sondern nur noch bloßes Aussteigen erlauben. Mich hatte das Fährschiff von Java herübergebracht. Eine halbe Stunde lang bot es von seinen weißen Decks aus die anwachsende Silhouette düsterer Berge. Insel der Dämonen? Das letzte Paradies? Sitz der Götter? Ich fuhr über die Wasser, die Balis Schicksal geworden sind. Einst kamen die tiefgreifenden Einflüsse verändernden Geistes über die Wellen, ausgesandt von der Kontinente befruchtenden Kultur Indiens; dann bildete eben dieses Wasser einen natürlichen Schutzring, hinter dem sich trotz islamischer Durchdringung des gesamten Archipels auf Bali eine religiös-kulturelle Welt in einzigartiger Vermischung all jener animistischen und hinduistischen Elemente erhalten konnte.

Tanz aus dem Vulkan

Schon einen Tag nach meiner Ankunft luden mich Freunde zu jener unauslöschlichen Nacht des Kecaks ein. Wir fuhren mit dem Auto von Denpasar ins Dorf Peliatan nahe Ubud, wo ich dem Bali der heiter stimmenden Erwartungen nahe kam: Reisfelder, Palmen, Tempel in warmem Backsteinrot. Die Tageshitze wich einem milden Abend; und als wir in Peliatan ausstiegen, hatte sich bereits ein schwarzer, sternenglitzernder Nachtmantel über das Dorf gelegt. Ich roch die geheimnisvolle Süße unbekannter Blüten; vernahm Stimmen, ohne sie zu verstehen; hörte metallene Musik, die ich zuvor nie gehört hatte; ich lauschte der betörenden Monotonie der Grillen und all der anderen unsichtbaren Solisten eines tropischen Nachtkonzerts. Bali drängte sich mir in einer Gefühlsdichte auf, wie sie nur dieses naive Sich-Öffnen der ersten Tage gestattet, die nach spannungsvoller Bestätigung mitgebrachter innerer Bilder verlangen.

Vor uns ein Platz, spärlich beleuchtet; ein gespaltenes Tempeltor im Hintergrund. Geflechte aus Reisstroh bewegten sich sachte im Wind. Gäste nahmen Platz im Dunkel ringsum. Leute aus dem Dorf, Besucher von Java, Touristen wie ich. Mitten drin im Zentrum des noch menschenleeren Runds ein vielarmiger Leuchter. Ein Alter zündete die Petroleumfackeln an, andächtig seine Bewegungen, versunken die Gesichtszüge, kein Blick dem Publikum zugewandt. Die Atmosphäre gleichsam elektrisch aufgeladen.

Dann geschah es. Aus dem Tempeltor stürmten halbnackte Männer auf den Platz, schwarz-weiß karierte Sarongs um die Hüften geschlungen, hinters rechte Ohr eine rote, hinters linke eine weiße Hibiskusblüte gesteckt. Zehn, dreißig, achtzig Männer, im-

Die Tempel auf Bali sind von zwei oder mehr Mauern umschlossen. In den äußeren Hof gelangt man durch ein gespaltenes, oben offenes Tor (Candi bentar). Erst durch ein zweites, überdachtes Tor (Padú raska, hier abgebildet) dringt man zu den eigentlichen Heiligtümern vor.

Eingebettet in das satte Grün der üppigen Vegetation liegt der Haustempel des Dorfes Ubud, dem Zentrum alter und neuer balinesischer Kunst . . .

mer mehr, hundertfünfzig, bald zweihundert. Eine Invasion von Leibern dringt da ein, bedrohliche Laute ausstoßend, die keiner der mir vertrauten Sprachen entspringen. Tierisches Gebrüll, das keine Worte kennt. Das Heer der Männer hockt sich im Kreis auf den Boden, und die Zweihundert formen einen einzigen Leib, der sich mal nach der einen, mal nach der anderen Seite beugt, die Arme beschwörend nach oben streckt, die Hände federn läßt und in jeder Sekunde voll ursprünglicher Bewegung zuckt. Schweißglänzend die braunen Muskeln, gespensterhaft die Schatten. Und immer wieder dieses animalische Geschrei, das sich in ein Stakkato aus «Ketschak-tschaké-tschaké» steigert. Aufschrei in der Nacht, anschwellend, explodierend, aus dem Forte in einen Klagegesang überleitend.

Das ist nicht der sprichwörtliche Tanz *auf* dem Vulkan, das ist ein Teufelstanz, der *aus* dem Vulkan aufbricht. Niemand kann sich dem Bann entziehen. Ein Alptraum. Als wollten sie der Männer Wüten besänftigen, tanzen zwei mit goldenen Gewändern bekleidete Mädchen hinein in den Tumult und schweben traumhaft im Fackelschein des Leuchters, die ausgestreckten Arme und gespreizten Finger flatternden Nachtfaltern gleich. Ein orgiastisches Treffen zur Beschwörung der Geister findet statt. Nicht das liebliche Bali malerischer Blumenopfer ist zu bewundern, sondern das der umherirrenden Dämonen und aufgepeitschten Kräfte des Unterbewußten; dieses Bali weckt elementare Ängste.

Ich habe seitdem einige Kecak-Nächte erlebt; keine hinterließ mehr solch haftende Erinnerung wie die erste; aber was immer ich später von Bali zu meinem ganz eigenen Gemälde dieser Insel zusammenfügte, war in seiner Farbenfülle nicht loszulösen von den bedrückenden, tiefsitzende Furcht anrührenden dunklen Tönen dieses Kecak-Erlebnisses.

Es gibt viele Tänze auf Bali: über lange Generationenfolge gewachsene und vererbte, bäuerlich derbe, höfisch verfeinerte und für einen modernen Touristengeschmack zurechtgestutzte Tänze; keiner ohne einen Bezug zu Religion und traditionell bestimmter Lebensart. Doch will mir scheinen, die balinesischen Entwicklungen aus grauer Vorzeit bis in die von grellen Neonröhren erhellten Nächte unserer Tage lassen sich auf besonders nachdrückliche Weise an diesem Kecak ergründen. Die ursprünglichen Elemente reichen zurück in die Lebensläufe, deren sich kein Gedächtnis erinnert und noch keine Kunde vom fernen Indien über die Meere gedrungen war. Das bot einst-

... Zahlreiche Künstler suchten und suchen in diesem Mekka neue Inspiration. Unter ihnen finden sich so bedeutende wie Walter Spies und Rudolf Bonnet, die von der balinesischen Kunst nachhaltig beeinflußt wurden.

mals gemeinschaftliches Zusammentun zur Vertreibung böser Geister; damals wie heute von keinem Gamelan begleitet, dem vielstimmigen Orchesterklang balinesisch-javanischer Musik, sondern einzig vom menschlichen Chor intoniert: wispernd, flüsternd, zischend, fluchend, brüllend, sich vereint Mut machend im Ansturm der Kräfte aus den anderen Welten. Aus solchen Urformen mag später jener Tanz hervorgegangen sein, der den Brückenschlag verkörpert in Gestalt der Himmelsnymphen. Zwei Widadaris eilen über den Regenbogen zur Erde, von den Göttern gesandt und beauftragt, den Priestern zu verkünden, was zur Abwendung drohenden oder bereits eingetroffenen Unheils im Dorf zu tun ist.

Aus diesem Ritual wurde eine Nachtvorstellung, die zum festen Baliprogramm für Touristen geworden ist; und bei dieser Transformation sind auch Europäer beteiligt gewesen. Als in den dreißiger Jahren die Regisseure Victor Baron von Plessen und Dahlsheim auf Bali den Film «Die Insel der Dämonen» drehten, beraten vom bereits ansässigen deutschen Maler und Kunstförderer Walter Spies, da schien ihnen gerade der Kecak als ausdrucksstärkste Selbstdarstellung balinesischer Temperamente. Für den Film wurde die bis dahin am Tanz beteiligte Zahl der Männer auf hundert vermehrt; in den Mittelpunkt des Kreises aus zuckenden Leibern kamen Figuren der Ramayana-Legende. Prinz Rama, der Ehemann auf der Suche nach Sita, seiner Gattin, die der Schurke Rawana geraubt hat; Hilfe erhält der betrogene Liebende von Hanuman, dem General der Affenarmee. Daher der Name, der den Tanz seither in aller Welt berühmt gemacht hat: Affentanz. Ein zu oberflächliches Etikett für das ekstatische Schauspiel, das für Touristenaugen perfekt inszeniert wird. Doch sogar in dieser kommerziellen Verfremdung sind die Bande zur Welt der Vorväter zu spüren. Kecak bleibt ein beziehungsvoller Ausdruck Balis.

Schmelztiegel der Kulturen

Der gesamte indonesische Archipel zwischen der malaiischen Halbinsel und dem australischen Kontinent hat im Laufe langer Geschichte die großen Kulturströme aus dem indischen Subkontinent mit Buddhismus und Hinduismus in sich aufgenommen, hat sich dem Islam geöffnet und sich keineswegs dem Christentum verweigert. All diese Einflüsse vermischten sich mit dem, was war an bodenständiger Kultur und Religion; sie gingen eine fruchtbare Verbindung ein und

Der Wasserreichtum und das feuchtwarme Klima lassen die Inselvegetation üppig gedeihen.

prägten Moslems, wie sie so nur auf Java anzutreffen sind, formten Christen, die sich ihrer regionalen Identität sehr bewußt sind, und haben die Balinesen zu Hinduisten werden lassen, wie es sie nur auf dieser kleinen Insel gibt. Bali ist ein besonderer Schmelztiegel der Kulturen geworden. Gäste aus Indien vermögen noch immer Gemeinsamkeiten zu erkennen, doch heimisch können sie sich auf Bali nicht fühlen.

Aus enger Wechselbeziehung zwischen Bali und Java ist die kulturelle Besonderheit erwachsen, die den Ruf der Insel prägte. Mit dem König Airlangga, Sohn eines balinesischen Fürsten und einer javanischen Prinzessin, kamen beide Inseln im 11. Jahrhundert unter eine Oberherrschaft, die das balinesische Element bevorzugte. Drei Jahrhunderte später wendete sich das Blatt. Bali wurde dem ersten Großreich gesamtindonesischer Dimension einverleibt, das als Majapahit das Werden der späteren Republik mitbestimmte. In der Selbstbesinnung als Rückzug vor dem Eindringen des Islam auf Java während des 14. Jahrhunderts erlebte Bali die Blütezeit seiner Kunst, von der es heute noch zehrt. Die geistige Elite aus dem zerbrechenden Reich Majapahit flüchtete sich aufs benachbarte Bali, begründete Dynastien und Selbstverwaltung. Weil Bali keine Gewürze zu offerieren hatte und keine einladenden Naturhäfen bot, wurde es von den europäischen Händlern und Kolonialherren links liegengelassen. Zum Glück! Erst Mitte des vorigen Jahrhunderts setzten sich die Holländer im Norden der Insel fest. Die koloniale Eroberung des Südens im Jahr 1906 gehört zum aufsehenerregenden Kapitel balinesischer Geschichte. Mit ihren Waffen waren die Fürsten unterlegen, mit ihrem Glauben haben sie die Europäer für alle Zeiten beschämt: Zweitausend Mitglieder der Fürstenhäuser liefen, zum Sterben bereit, in die «offenen Messer» der Eindringlinge, die auf Kampf, nicht auf diese Form der Kapitulation eingestellt waren. Puputan nennen die Balinesen den heiligen Akt der Selbstaufgabe. Kein anderer Sieg während der Jahrhunderte kolonialer Unterwerfung hat die tiefen Gegensätze zwischen den Menschen aus West und Ost so offenkundig werden lassen wie dieser.

Die verunreinigte Volkskultur

Bali ist Teil der vermarkteten Urlaubswelt geworden. Die touristischen Masterpläne wurden in die Tat umgesetzt. Auf der südlichen Halbinsel ragen nun die Hotelkolosse von Nusa Dua in den Himmel, die mit luxuriösen Bettenburgen die Fremden möglichst auf kleinem Raum belassen sollen. Tanz und Tropen werden frei Haus geliefert, um das übrige Bali vor den Massen zu schützen. Doch die Rechnung geht nur teilweise auf. Individualisten erhalten ja kein Einreiseverbot. Balinesische Gastfreundschaft ist unteilbar. So bringen denn die klimatisierten Omnibusse große Gruppen aus den teuren Hotels zu den Hauptsehenswürdigkeiten. Die Travellers und andere Zugvögel des internationalen Reisebetriebs logieren sich in den billigen Herbergen ein, die an den Stränden des Südens und längst auch an östlichen und nördlichen Gestaden unter den Palmen erwuchsen. Mit den an fast jeder Ecke zu mietenden Motorrädern, mit Überland-Taxis und Omnibussen der Einheimischen läßt sich die Insel in eigener Regie bis in den letzten Winkel er«fahren».

Bali ist vom Tourismus durchdrungen. Kein Angebot aus den Schaufenstern der neuen Zeit hat die Insel ausgelassen. Über die Filmleinwände flimmert der Fortschritt bis in die kleinen Städte. Dem Fernsehen öffnete sich das winzigste Dorf. Die Illustriertenbilder bringen die große weite Welt ins ärmste Haus. Der Dorfjunge, der loszog, im neuen Hotel als Boy zu arbeiten, erzählt daheim vom Tun und Lassen und von den Wünschen dieser so austauschbaren Weißen, die sich kaum unterscheiden von den asiatischen Touristen. Denpasar, die geschäftige, von Autos verstopfte Drehscheibe im Süden, hat alle Übel solcher Kommerzialisierung erhalten, einschließlich Prostitution und Drogenszene. Indonesische Kritiker urteilen scharf:

«Und in Bali machen die einheimischen Hotels bankrott, zerquetscht von den packaged tours.

Die Volkskultur ist verunreinigt, plattgedrückt von den internationalen Handelsnormen.

Die Tänze sind keine Beschwörungen mehr, sondern nur noch Darbietungen zur Unterhaltung. Bildhauerei und Schnitzerei sind nicht mehr Ausdruck der Seele, sondern nur noch Kunsthandwerk.

Das Leben wird von den Wünschen von Menschen beherrscht, ohne dem Lauf der Natur Beachtung zu schenken.

Die Herrschaft des menschlichen Willens, die mit aller Kraft institutionalisiert ist, kümmert sich nicht um den Instinkt der Nieren, der Leber, der Galle, der Flüsse und der Wälder.

In Bali sind Strände, Berge, Betten und Tempel besudelt.» *(Nach der Übersetzung von M. Heinschke)*

So besang Rendra das vielgepriesene Eiland in schrillen Molltönen; Rendra ist der bedeutendste Lyriker und Theatermann im gegenwärtigen Indonesien.

Alles richtig und schlimm. Ein Fluch, der auch dies vermeintlich letzte Paradies nicht verschonte. Auf lange Sicht ist Bali nicht herauszuhalten aus diesem Strudel weltweiter kultureller Gleichmacherei, die die Luxushotels schon standardisiert hat. Im Gefolge der

Pura Ulu Danu, der Tempel am Bratansee. Candi bentar, das Tor des Tempels, führt zum ersten Hof, dem Zentrum kommunalen Lebens. Hier finden Feste, Versammlungen oder Sitzungen, ja sogar Hahnenkämpfe statt.

Beeindruckend sind die phantasievollen Dämonenfiguren. Handgeschnitzt und mit leuchtenden Farben bemalt, schmücken sie nahezu jeden Tempel Balis.

kleiner werdenden und sich in ihrem Informationsaustausch näherkommenden Welt verwischen sich die regionalen Charakteristika. Lokalkolorit wird auf Sprühdosenformat zusammengepreßt. Mag alles wahr sein. Und doch ist es bis auf weiteres gerade dieses Bali – nur hundertvierzig Kilometer lang und achtzig Kilometer schmal –, das dem touristischen Trend und dem unersättlichen Moloch der Freizeitindustrie eine geistige Eigenart entgegenzuhalten vermag, die in solcher Intensität äußerst selten geworden ist auf diesem Erdenrund.

Insel der Bauern

Bali ist bis auf die städtischen Zentren die Insel der Bauern geblieben. Aus der innigen Naturverbundenheit ihrer Vorfahren ist die Kultur entstanden, die stets auf das Innere ausgerichtet war, auf das Land und dessen Bebauung. Die Reisgöttin Dewi Sri sichert als Inselheilige das Überleben. Das Meer ringsum wurde stets als Bedrohung gefürchtet, aber nie als Herausforderung empfunden, ferne Horizonte anzusteuern. Von der Küste weg über die Terrassen der Reisfelder hinauf zu den Höhen von Gunung Batur und Gunung Agung, den alles überragenden Vulkanen, verläuft die Richtung balinesischen Denkens, Trachtens, Fühlens. Im Zentrum der Insel ist der Mittelpunkt der Welt, nicht irgendwo da draußen jenseits der Ozeane. Die gemeinschaftliche Bebauung des kostbaren Bodens hat die Menschen geprägt. Kunstvolle Terrassen anzulegen, das Wasser nutzbringend zu leiten, setzte seit Menschengedenken die Gemeinsamkeit voraus.

Gibt es eine schönere Landschaft als die Kaskaden der Reisterrassen? Form, Farbe und Funktion in vollendeter Harmonie aufeinander bezogen. Ein Kunstwerk in des Wortes wahrster Bedeutung. Für mich sind es stets die beglückenden Momente beim Wiederkommen auf Bali, wenn ich nach langer Reise auf den Höhen der Hügel stehe, einbezogen in die schwungvollen Rundbögen, dem Lauf der Wasser lauschend, den Blick gerichtet über die fließenden Farben grünenden Reises bis zum fernen Silberglanz des Meeres. Ich kann und will mich der Schwärmerei einfach nicht entziehen.

Klar ist indes ebenso: Nicht der Garten Eden liegt da vor einem, sondern auch eine Wirtschaftszone, die es ihren Bewohnern beim Überleben immer schwerer macht. Seit langem ist der letzte verfügbare Flecken Erde zur Aufnahme von Reisschößlingen bereitet worden. Die Zahl der Menschen steht nicht

Links: Die Religiosität der Balinesen drückt sich in vielfältiger Gestalt aus: Schutzfiguren am zweiten Tor des Tempels von Kalibukbuk.

Rechts: Diese stummen Wächter sollen böse Geister daran hindern, ins Heiligtum des Tempels vorzudringen.

mehr im rechten Verhältnis zur Größe der Felder. Die Jungen müssen abwandern. Landflucht ist eins der Probleme. Bali gehört zu den Regionen der Überbevölkerung, die in das umstrittene nationale Programm der Umsiedlung, der Transmigration, einbezogen worden sind. Für viele Balinesen bedeutet es aber eine Tragödie, den angestammten Ort der Ahnen verlassen zu müssen.

Die Gemeinde, in der über Dämme zur Kanalisierung der Bäche entschieden wird, Subak genannt, ist zugleich der Verband, der das soziale Ansehen regelt und darüber wacht, daß die Feste eingehalten werden, die die stets bedrohte Harmonie zwischen Natur und Menschen, zwischen den Geistern der Nacht und den gefährdeten Bewohnern dieser Erde erhalten sollen.

Was den Menschen des Westens erst ihr Fortschrittswahn als katastrophale Erkenntnis vermittelte und ihnen mit sterbenden Wäldern und erstickten Flüssen erschreckend vor Augen brachte, ist Balinesen von alters her vertrauter Grundsatz, der den Raubbau vermeidet: Die Gemeinschaft eines Dorfs bearbeitet den Boden, doch das Land gehört den Göttern. Die Erde nur als Leihgabe, die pfleglich behandelt werden muß. Welch eine fortschrittliche Weltsicht! Darin steckt auch und vom bäuerlichen Selbstverständnis her tiefverwurzelt die Vorstellung des einzelnen, Glied einer langen Ahnenkette zu sein, verbunden mit denen, die vor ihm waren, und denen, die nach ihm sein werden. Das balinesische «Stirb und Werde» umfaßt die Wiedergeburt. Der individuelle Tod wird nicht als endgültiges Dahinscheiden gesehen, sondern als Übergang in eine andere Form des Seins. An diesen Grenzstellen mit Opfern und Reinigungsfesten der alten Überlieferung entsprechend alles zu tun, was Adat gebietet – dieses ungeschriebene Gesetz, das jedem geläufig ist –, ist heilige Pflicht.

Die Tempel, von denen es heißt, es gebe mehr davon als menschliche Behausungen auf Bali, gehören als äußere Stätten der geistigen Verbindung mit den Ahnen und jenseitigen Kräften zum alltäglichen Leben. Daher die Sorgfalt, Tempel zu erhalten, neue zu errichten, die Weihe eines gerade fertiggestellten und das jährliche Gedenken an eine solche Weihe zum dörflichen Fest werden zu lassen. Alle beteiligen sich daran. Die intensiven Vorbereitungen sind gegenseitiges Versprechen, gemeinsam den Gefahren standzuhalten. Nicht als Personen werden Götter verehrt, sondern als allgegenwärtige Mächte, mit denen in bestem Einvernehmen zu leben oberstes Gebot ist.

Geborgenheit in der Harmonie einer friedfertigen Natur und Gesellschaft. Die unbeschwerte Kindheit mag der Grund für die Fröhlichkeit und Warmherzigkeit der Balinesen sein.

Adat und Ahnen

Die Dämonen, zu deren exorzistischer Abwehr ein Ritual wie der Kecak entstanden ist, hat kein Fernsehen, kein Tourist, kein Auto vertrieben. Der Balinesen Bedürfnis nach Harmonie hat weder Kriege verhindert noch jenes Massaker von ihrer Insel ferngehalten, das während des Machtwechsels 1965 den indonesischen Archipel erschütterte. Daß auch und gerade auf Bali grausam gemordet wurde im Zeichen der Kommunistenverfolgung, gehört zum Ungeheuerlichen, zu dem Menschen fähig sind. Auch auf Bali schlagen Politik und Religion in mörderischer Härte aufeinander. Die Triebkraft, die im Kecak höchste künstlerische Vollendung findet, reicht tief in die untersten Schichten menschlicher Abgründe.

Ein balinesisches Baby wird in die Welt des späten 20. Jahrhunderts hineingeboren; dieses Kind wächst nicht in einem nebulösen Land «Irgendwo» auf. Aber noch immer werden seine frühen Schritte so gelenkt, daß sie sich nicht allzuweit aus der Bindung von Adat und Ahnen fortbewegen können. Am zwölften Lebenstag erhält ein Kind seinen ersten Namen, der später bei wechselnden Schicksalsschlägen geändert werden kann. Am zweiundvierzigsten Tag findet mit Mutter und Neugeborenem das erste Reinigungsfest statt. Nach hundertfünf Tagen darf das Kind zum ersten Mal den Boden Balis berühren.

In einem Dorf bei Gianyar hatte ich einmal das Vergnügen, Zeuge der Zeremonie zu sein. Der Brahmanenpriester, zugleich der Schattenspielmeister, war erschienen. Vor dem Hausheiligtum lagen in bunter Vielfalt die Opfergaben. Ein gebratenes Spanferkel. Früchte. Blumen. Reis. Mit den heiligen Gesängen rief der Priester die jenseitigen Mächte an, die das diesseitige Leben bestimmen. Zur Kegelsilhouette des Gunung Agung gerichtet, stellte der weißhaarige alte Mann das Kind, dessen Eltern und Herkunft vor, sprach den Namen aus und bat um Beistand. Ein Feuer aus Bambusstangen verbreitete beißenden Rauch. Das Kind wurde aufgenommen in den Verband der Lebenden und der Verstorbenen und der Wiederkehrenden. Nach diesen hundertfünf Tagen gehörte das Kind nun ganz dazu, eingeschworen auf die Verpflichtung, den Weg fortzusetzen, dem Eltern und Vorfahren in immer wieder neu versuchter Harmonie mit den Göttern die Richtung wiesen. Es ist auch auf Bali der Weg in eine Welt, die sich im weiteren Lauf dieses Lebens schneller verändern wird als in langer Generationenfolge davor.

Auf Bali sind die Dämonen und Götter allgegenwärtig. Überall finden sich Altäre oder kleine Steinfiguren zu ihrer Beschwörung oder Verehrung. In ständiger Bemühung, die Balance zwischen Gut und Böse, Hell und Dunkel, Göttern und Dämonen zu halten, bringen die Menschen Blumenopfer dar.

BALINESISCHE IMPRESSIONEN

Bali – die Insel der Götter und Dämonen – ist in unserer Vorstellung von vielen Klischees besetzt: Blaugrünes, klares Meer, weiße Sandstrände, einsame Buchten, üppige Vegetation, schöne, feingliedrige Menschen. All dies kann man finden auf Bali, aber es gibt auch eine andere Seite, eine weniger illusionäre. Bekannte Bali-Reisende haben ihre Impressionen, ihre Gefühle und Ansichten niedergeschrieben.

Die Heimat des Orang-Utans und des Paradiesvogels

Die Inseln Bali und Lombok, am Ostende von Java gelegen, sind von besonderem Interesse. Es sind die einzigen Inseln im ganzen Archipel, auf denen die Hindu-Religion sich noch erhalten hat – und sie bilden die Endpunkte der zwei großen zoologischen Abteilungen der östlichen Hemisphäre; denn wenn sie auch im äußern Ansehen und in allen Punkten ihrer physischen Geographie einander sehr ähnlich sind, so differieren sie doch bedeutend hinsichtlich ihrer Naturgeschichte. Ich hatte zwei Jahre auf Borneo, Malaka und Singapore zugebracht, als ich diesen Inseln auf meinem Wege nach Mangkassar einen etwas unfreiwilligen Besuch abstattete. Wäre ich imstande gewesen, direkt von Singapore aus dahin zu gelangen, so hätte ich wahrscheinlich Bali und Lombok nie gesehen und würde einige der wichtigsten Entdeckungen meiner ganzen Expedition nach dem Osten nicht gemacht haben.

Es war am 13. Juni 1856, als wir nach einer Überfahrt von zwanzig Tagen von Singapore aus in dem

«Kembang Djepoon» (Rose von Japan), einem Schoner, der einem chinesischen Kaufmanne gehörte, mit javanischem Schiffsvolke bemannt war und von einem englischen Kapitän befehligt wurde, auf der gefährlichen Reede von Baliling, auf der Nordseite der Insel Bali, Anker auswarfen. Als ich mit dem Kapitän und dem chinesischen Supercargo an Land ging, sah ich mich sofort in eine neue und interessante Szene versetzt. Wir gingen zuerst in das Haus des chinesischen Bandar oder Hauptkaufmannes, wo wir eine Anzahl Eingeborener fanden; sie waren gut gekleidet und alle in auffälliger Weise mit Krisen bewaffnet, deren lange Handhaben aus Elfenbein oder Gold oder aus schön marmoriertem und poliertem Holze sie zur Schau stellten.

Die Chinesen hatten ihr Nationalkostüm aufgegeben und den malayischen Anzug angenommen und konnten so kaum von den Eingeborenen der Insel unterschieden werden – ein Beweis von der nahen Verwandtschaft der malayischen und mongolischen Rassen. Unter dem dichten Schatten einiger Mangobäume nahe dem Hause verkauften mehrere Händlerinnen Baumwollwaren; denn hier handeln und arbeiten die Frauen zum Vorteil ihrer Ehegatten, ein Brauch, den mohammedanische Malayen nie annehmen. Man brachte uns Obst, Tee, Kuchen und Zuckerwerk; viele Fragen wurden in Betreff unseres Geschäftes und über den Stand des Handels in Singapore gestellt und wir machten dann einen Spaziergang ins Dorf. Es war ein sehr unfreundlicher und trauriger Ort; eine Anzahl enger von hohen Lehmwänden eingefaßter Straßen mit Bambushäusern, von denen wir einige betraten und sehr freundlich aufgenommen wurden.

Während unseres zweitägigen Aufenthaltes hier besuchte ich die Umgegend, um Insekten zu fangen, Vögel zu schießen und um über die Fruchtbarkeit oder Unfruchtbarkeit des Landes etwas zu erfahren. Ich war erstaunt und erfreut zugleich; denn da mein Besuch auf Java erst einige Jahre später stattfand, so hatte ich noch nie außerhalb Europa einen so schönen und gut bebauten Distrikt gesehen. Eine leicht wellige Ebene dehnt sich von der Seeküste etwa zehn bis zwölf Meilen landeinwärts aus, wo sie von einer schönen Reihe bewaldeter und bebauter Hügel begrenzt wird. Häuser und Dörfer, bezeichnet durch dichte Gebüsche von Kokosnußpalmen, Tamarinden und anderen Fruchtbäumen, sind nach allen Richtungen hin verstreut; zwischen ihnen dehnen sich üppige Reisfelder aus, von einem sorgsamen Bewässerungssystem durchzogen, welches der Stolz der bestkultivierten Teile Europas sein würde. Die ganze Oberfläche des Landes ist in unregelmäßige Felder geteilt, welche den welligen Erhebungen des Bodens folgen, von der Größe vieler Morgen bis herab zu wenigen Ruten, und jedes derselben ist vollkommen eben, aber liegt einige Zoll oder mehrere Fuß über oder unter den angrenzenden. Jedes dieser Fleckchen kann nach Willkür berieselt oder dräniert werden vermittelst eines Systems von Gräben und kleinen Kanälen, in welches alle von den Bergen herabkommenden Flüsse abgeleitet sind. Die Frucht stand auf jedem Stückchen in verschiedenen Stadien der Reife, manchmal schon fast reif zum Schneiden, überall aber in dem blühendsten Zustand und in den ausgesuchtesten grünen Färbungen.

Die Seiten der Straßen und Reitwege waren oft mit stacheligem Kaktus und mit einer blattlosen Euphorbie eingefaßt, aber das Land war so ausgiebig bebaut, daß für einheimische Vegetation, außer am Seegestade, nicht viel Raum blieb. Wir sahen eine Menge Rinder von feiner Rasse, Abkömmlinge des javanischen Bos banteng, von halb nackten Knaben getrieben oder auf Weideplätzen angebunden. Es sind große und schöne Tiere von hellbrauner Farbe mit weißen Beinen und hinten mit einem in die Augen fallenden ovalen Fleck von derselben Farbe. Wildes Vieh derselben Rasse soll noch jetzt in den Bergen vorkommen. In einem so gut bebauten Lande konnte ich nicht erwarten, viel Ausbeute für die Naturgeschichte zu finden, und meine Unwissenheit über die Wichtigkeit der Lokalität in Beziehung auf die geographische Verbreitung der Tiere war schuld daran, daß ich einige Exemplare nicht mitnahm, denen ich später nie wieder begegnet bin. Unter diesen war ein Webervogel mit hellgelbem Kopfe, welcher seine flaschenförmigen Nester dutzendweise auf Bäumen nahe dem Strande baut. Es war der Ploceus hypoxanthus, ein auf Java heimischer Vogel; hier befand er sich an den äußersten Grenzen seiner mehr westlichen Verbreitung. Ich schoß und konservierte Exemplare einer Stelzen-Drossel, eines Pirols und einiger Stare, alles auf Java vorkommende Arten, von denen einige sogar für diese Insel charakteristisch sind. Ich fand auch einige schöne Schmetterlinge, reich mit schwarz und orange auf weißem Grunde gezeichnet, welche am zahlreichsten unter den Insekten an den Landstraßen vorkamen. Es war eine neue Art dabei, welche ich Pieris tamar genannt habe.

Wir verließen Baliling und kamen nach einer angenehmen Segelfahrt von zwei Tagen nach Ampanam auf Lombok, wo ich zu bleiben beschloß, bis ich eine Gelegenheit zur Überfahrt nach Mangkassar erhalten könne. Wir genossen herrliche Aussichten auf die Zwillingsvulkane von Bali und Lombok, von denen jeder ungefähr achttausend Fuß hoch ist; sie machen

Ulu Danu, der Tempel der wasserspendenden Göttin Dewi Danu im Bratansee. Die Pagoden mit bis zu elf übereinandergestuften Dächern – Meru genannt – gelten als Sitze der Götter. Je vornehmer der Gott, desto höher der Meru.

Tänze gibt es viele auf Bali. Sie sind entweder religiösen Ursprungs oder basieren auf Epen und Legenden. Zum wilden Kecak versammeln sich oft mehr als 150 Männer um ein heiliges Feuer. Mit entblößtem Oberkörper wiegen sie sich rhythmisch wie in Trance.

sich bei Sonnenauf- und Untergang ganz prächtig, wenn sie sich aus dem Dunst und den Wolken, welche sie umgeben, erheben und in den reichen und wechselnden Tinten derselben erglühen – entzückende Augenblicke eines tropischen Tages.

ALFRED RUSSEL WALLACE (1823–1913), englischer Zoologe, unternahm in den Jahren 1854 bis 1862 mehrere Forschungsreisen im Malaiischen Archipel. In seinen Arbeiten befaßt er sich mit der Veränderlichkeit der Arten.

«Das letzte Paradies auf Erden»

Noch bevor wir die Insel von Norden nach Süden durchfahren haben – zwischen Reisfeldern, wo gepflügt oder gepflanzt wird, an bunten kleinen Märkten vorüber, wo die Käufer im dichten Gedränge umherschlendern und die Verkäufer neben ihren Waren hocken, vorbei an unzähligen Dörfern, die hier, ganz anders als auf Java, durch mannshohe Mauern von der Straße getrennt sind –, noch ehe wir unseren Rastort, Den Pasar, erreicht haben, bin ich schon vollkommen im Banne dieses Landes, im Banne Balis und seiner ganz eigenen merkwürdigen Schönheit, die noch nicht – beinah noch nicht – von westlichen Einflüssen berührt ist. «Das letzte Paradies auf Erden» haben die Amerikaner, die die Insel vor einigen Jahren «entdeckten», Bali genannt – und mit Recht! Wegen der Nähe der See wird es hier so gut wie niemals unerträglich heiß. Milder sind die Farben, lieblicher ist die Landschaft als die großartige Natur auf Java; überall auf den Bergstraßen wie in den Tälern gehen prachtvolle, stolze Menschen dahin mit ihren Tieren: mit diesen geduldigen grauen Büffeln, mit weißen Kühen, deren Köpfe an Hirsche gemahnen, mit schwarzen Ziegen, mit langen Reihen von Enten, die gehorsam wie Rekruten hinter einer kleinen weißen Fahne hermarschieren. Und überall gewahrt man hier, was Java vermissen läßt: Äußerungen tiefer Verbundenheit des Volkes mit seiner Religion.

Der ursprüngliche, d.h. der animistische Glaube der Balinesen hat durch hinduistische Einflüsse einen ganz eigenen Charakter bekommen. Für den gewöhnlichen Balinesen – nicht für die Priesterkaste – ist die Welt mit Göttern, mit Geistern und Dämonen bevölkert. Die Götter beherrschen Geburt und Tod, Liebe und Haß, Glück und Ungemach; vor jeder Handlung, jedem Unternehmen müssen sie günstig gestimmt, müssen die bösen Geister abgewehrt wer-

Der Kecak geht zurück auf das Ramayana-Epos: Mit der Hilfe von Hanuman, dem Minister des Affenkönigs, gelingt es Rama, seine Frau Sita aus der Gewalt des Dämons Ravana zu befreien. Die anmutigen Bewegungen der Mädchen, die bei dieser Darstellung mitwirken, stehen in krassem Kontrast zu den zuckenden Leibern der Männer.

den. In unzähligen Tempeln, aber auch in Opferhäuschen innerhalb der Dörfer werden unaufhörlich Blumen- und Fruchtopfer dargebracht. Auf dem Lande wird geopfert, ehe man den Reis pflanzt oder erntet; auf den Stufen des Hauses opfern sie, wenn ein Kranker darniederliegt oder ein Kind geboren wird. Auf Schritt und Tritt begegnet man Frauen, die mit stillen, ernsten Gesichtern Opferschalen zu einem Tempel tragen; manchmal sind es kunstvolle Aufbauten, manchmal nur braune irdene Schälchen mit einigen grünen Zweigen oder ein paar Blumen. Ich sah eine Handvoll rosa Blüten unter einen Baum gebreitet: eine Gabe für den Geist, der den Baum bewohnt. Ich sah ein gefaltetes grünes Blatt in ein gespaltenes Zweiglein gesteckt, irgendwo am Ufer eines Teiches, wo der Fischer sein Netz ausgeworfen hatte. [...]

Jahrhundertelang war es Brauch, daß Mädchen und Frauen den Oberkörper entblößt trugen; nur sittenlose Frauen waren gezwungen, ihn zu bedecken. Doch in den letzten Jahren wurde es mehr und mehr gebräuchlich, daß Frauen und Mädchen Jacken tragen, schundige Kleidungsstücke aus Kattun oder Nessel. In den Dorfschulen müssen die Kinder Höschen und Röckchen anhaben, obwohl das in dem warmen Klima keineswegs nötig ist. Verstärken sich diese Einflüsse auf Bali, so werden in wenigen Jahren die herrlichen Tempel leerstehen und zerfallen, dann werden die Balinesen ihre Opfergaben als Aberglaube, ihre Tänze als Gotteslästerung, ihre Leichenverbrennungen als Barbarei betrachten lernen, und von ihrer selten eindrucksvollen Kultur werden nur noch die verfallenen Überbleibsel und die geschichtliche Erinnerung übrig sein.

Ich wiederhole: man hat mich dringend gebeten, diese beiden Warnungen zu überbringen im Namen der auf Bali wohnenden Europäer, die die Menschen und das Leben dort kennen und lieben. Dieses kleine Eiland ist der kostbarste Besitz unseres Archipels, wahrlich «das letzte Paradies auf Erden». Daß die Aufmerksamkeit der ganzen Welt darauf gerichtet ist, sieht man an den zahllosen Büchern, die in allen Sprachen über Bali erscheinen. Auf dem holländischen Volk und auf seiner Regierung ruht zweifellos eine ernste Pflicht: die wundersame Schönheit Balis unberührt für die Nachwelt zu bewahren.

JO VAN AMMERS-KÜLLER nahm im Juli 1938 an einem internationalen Geographen-Kongreß in Amsterdam teil, an den sich eine Reihe von Exkursionen anschlossen. Eine davon führte im Auftrag der Niederländischen Regierung nach dem damaligen

Niederländisch-Ostindien. Auch Ammers-Küller war Teilnehmer dieser Exkursion, die sich über drei Monate hinstreckte.

Am einsamsten Strand des Indischen Ozeans

Dann kommen die Tage, an denen Pause ist in meinem Tagebuch. Tage ohne Feste und doch voll von dem festlichen Gefühl, zu *sein.* Im Reich der Tempel, dieser irdischen Sommersitze der Götter, im heiligen Affenhain, wo die Tiere noch nicht zittern, wenn der Mensch naht – hier haben wir auf einmal in uns die junge Liebe zu einer Welt entdeckt, die wir schon nicht mehr so lieben zu können glaubten. Sie heißt Bali. Da sind die Kinder, die auf die Bäume klettern so flink wie Paviane; Knaben, die sich zwischen Himmel und Erde balgen – und die abends auch das Gegenteil so zärtlich tun, daß die Europäer finden, das ginge zu weit. Da sind die bronzefarbenen Fischer, die nur das Netz durch die Brandung zu ziehen brauchen und schon einen zappeln sehen. Irgendwo an diesem einsamsten Strand des Indischen Ozeans zeichnet mein Malersmann junge Mädchen aus dem Nachbardorf, und ich schaue ihm zu. Und weil er sie am besonnten Ufergebüsch zeichnen will, wie die Inselgötter sie erschaffen haben, deshalb hat ein Wächter der Tugend mitgehen müssen, ein brauner Jüngling. Der ist mit einemmal eifersüchtig; er spricht kein Wort, aber er schleudert Blitze, daß man meint, jetzt finge das dürre Dickicht zu brennen an. Und nun stehen sie da, zögernde, erschreckte Nymphen, die sich mit dem Zipfel ihres schon halb aufgewickelten Gürteltuches eine Träne von der Stupsnase wischen. Sind plötzlich im Busch verschwunden, kehren nach einer Weile wieder bis an den Rand zurück, wo sie zwischen den Zweigen zu uns herüberäugen wie scheue Katzen ... Und dann jagen sie nackt über den glühenden Sand ins Wasser hinein, bis nur Brandungsschaum und Gelächter von ihnen übrigbleibt.

Es sind Geschöpfe, die nicht lesen und schreiben können; jenes Denken, das weh tut, haben sie noch nicht lernen müssen. Ob sie gerade deshalb so schön sind? Und doch fühlt sich der weiße Mann dann einen Augenblick lang befremdet: das Abgetrenntsein der [...] begabten Menschenkinder von allem, was seine eigene Welt erfüllt, erscheint ihm wie ein Verbrechen, wie ein Kaspar-Hauser-Schicksal. Wie schön erst, denkt er, der das Denken nicht lassen kann, müßten diese blühenden Analphabeten sein, wenn sie für das Reich des Geistes gewonnen würden. Jenes «bösen Geistes», an den er glaubt. Aber das sind schon Abschiedsgedanken eines, der morgens in Den Pasar nach langer Zeit seine Uhr wieder gestellt hat.

Eine Luftreise über 17 Länder führte ERWIN BERGHAUS 1934 auch nach Bali. In seinem ausführlichen Reisebericht beschreibt er die natürliche Anmut der Menschen und ihre Verschmelzung mit der sie umgebenden Natur.

Die lichtbraune Schönheit der Frauen von Bali

Diese Tempel wirken auf den Fremden wie das äußere Wahrzeichen der balinesischen Kultur. Noch stärker aber ist der Eindruck, den man von den Frauen Balis empfängt. Diese lichtbraunen Frauen haben vollendete Körper, wie wir sie nur an den Frauen der Antike kennen. Ihre Haltung ist edel und stolz. [....] über alles erhaben ist der Gang dieser Frauen. Sie gehen wie Königinnen, stolz und aufrecht. Vasen, Obstkörbe, Töpferwaren tragen sie auf den Köpfen. Die Arme sind frei. Fast wie von einer Tanzmeisterin einstudiert wirkt die Bewegung der schlanken Hüften. Ja, man ist zuerst geradezu versucht, diesen Gang für Tanzen zu halten, so wenig ist man an das Wiegen des Körpers, an die rhythmische Bewegung der Arme, das sanfte Gleiten der Beine gewöhnt. Ihr dickes, schwarzes Haar tragen sie in einem Knoten, der nicht hinten, sondern auf der linken Seite aufgesteckt ist. Ein schmaler Schal gibt diesem Knoten seine Form und läßt ihn, überaus zierlich, seitlich in die Luft hinausstehen. Das eine Ende des Schals hängt herunter, mit ihm bedecken sie ihren schönen, kräftig entwickelten Busen, wenn sie einem Europäer begegnen. Die Eigenart dieser seltsamen Frisur dürfte ihre Erklärung in der Beschaffenheit des Klimas finden: So, wie der Knoten befestigt ist, berührt er nicht die Haut, und der Hinterkopf bleibt frei. Viel Haar muß die Balinesin haben. Es ist ihre größte Schönheit und Zierde. Wenn sie nicht genügend eigenes Haar hat, so legt sie sich noch fremdes zu. Im Haar trägt sie frische Blumen, aber keinen Goldschmuck, wie er in Indien sehr beliebt ist. Dagegen trägt sie im Ohr einen Goldstab, allerdings sieht man dies meistens nur bei jungen Mädchen und Kindern. Die Jungfrau läßt aus ihrem Haarknoten eine Locke heraushängen zum Zeichen ihrer Unberührtheit. Selbst ganz alte Frauen haben noch die Gestalt eines Jünglings.

Ihr Gang ist unverändert geblieben, aufrecht und edel. Kerzengerade tragen sie ihre Last auf dem Kopfe und rauchen wie in jungen Jahren ihre Zigarette. Hin und wieder steigen sie in einen Bach, baden und setzen gemächlich ihren Weg fort. Auffallend ist die wunderbare Sauberkeit der Haut. Nicht die geringste Verunzierung, nicht die leiseste Unreinheit, weder Stiche noch Pickel. Wundervoll zart sind die Gelenke der Hände und der Finger. Die Ringe von Erwach-

Die Totenverbrennung, Voraussetzung für die Reinkarnation, ist einer der wichtigsten Riten auf Bali. Abhängig von der Standeszugehörigkeit sind Art der Zeremonie und die Form des Sarges. Nur einer hochgestellten Persönlichkeit steht eine Einzelverbrennung und ein Sarg in Form eines Stieres zu.

Prachtvolles Beispiel balinesischer Blumenvielfalt: Die Lotusblume steht für Schönheit, Reinheit und ewiges Leben. Ihre Blüte lebt nur einen einzigen Tag, aber ihr Samen bleibt über Jahrhunderte keimfähig.

senen können bei uns in Europa nur von Kindern getragen werden. Diese zarten Gelenke, der schmale lange Hals, der hochansetzende Busen, die langen Sarongs, die über den schmalen Hüften bis zur Erde herabhängen, dies alles läßt die Gestalten überaus lang erscheinen.

Wie viele Angehörige seiner Zunft, so machte sich auch der Maler ROBERT GENIN auf ins Mekka der Künstler. Nach mehrwöchiger, anstrengender Schiffsreise und verschiedenen Zwischenaufenthalten erreichte er 1928 Bali. Fasziniert von der Schönheit der Inselbewohner, ließ er sich für längere Zeit auf der Insel nieder.

Grausame Leidenschaft: Hahnenkämpfe

Der Hahnenkampf ist die Leidenschaft des Balinesen. Wohl nicht nur, weil das Blutvergießen seine kindliche Grausamkeit befriedigt, – er hat eine weit größere Leidenschaft, nämlich das Wetten, das Hasardieren. Auf den Sieg eines Hahns werden große Summen gewettet, die Dollars häufen sich nur so auf dem Kampfplatz. Die Hähne, von Wut erfüllt, gehen mit scharfen Messern, die man an ihren Füßen angebracht hat, aufeinander los. Es hat viel Ähnlichkeit mit einem Boxkampf. In der ersten Runde lassen die Gegner voneinander los, noch bevor einer verwundet ist. Nicht selten hat sogar der eine schon genug und zieht es vor, dem Gegner den Rücken zu kehren. Aber er wird durch kunstvolle Griffe von seinem Herrn sofort von neuem aufgereizt, und die zweite Runde kann beginnen. Jetzt sind die Gegner schon etwas feuriger und geraten in größerer Wut aneinander. Nach der zweiten und dritten Runde hinkt schon einer. Aber jetzt ist kein Halten mehr. Die Tiere sind sich bewußt: eines von ihnen muß sterben. Und so lassen sie nicht mehr voneinander los, bis der eine von ihnen von einem Messerstich zu Boden geworfen ist und schnell verblutet. Bei der letzten Runde steigt die Spannung des Balinesen natürlich ins ungeheure. Zum Schluß wird der Sieger vorgeführt: es wird gefordert, daß er sich noch gut auf seinen Beinen hält. Dann ist die Wette erledigt. Zwei neue Kämpfer treten auf.

Gewiß, solch ein Kampf ist ein böses Spiel der Grausamkeit. Und doch tritt gerade in diesen Kämpfen die Selbstzucht und das zu innerst friedliche Wesen des Balinesen deutlich in Erscheinung. Er ist zwar leidenschaftlich erregt, aber gleichzeitig doch auch beherrscht. Kein überlautes oder gar gereiztes Wort, kein Zeichen des Ärgers beim Verlieren, kein

Auch mit exotischen Früchten ist Bali reich gesegnet. Besonders auffällig ist die leuchtend rote Farbe der Rambutan, auch «falsche Litschi» genannt. Sie gibt sich nur äußerlich so stachelig. Das weiche, saftige Fruchtfleisch ist im Geschmack süß-sauer und erinnert an Weintrauben.

Streit um Geld, kein Sichvordrängen! Sie sitzen alle um den Kampfplatz in der Runde und werfen, ohne sich vom Platz zu rühren, ihre Guldenstücke auf die Bühne. Keiner notiert die Wetten, keiner zählt die sich aufhäufenden Silberstücke. Jeder merkt sich selbst, was er gewettet, wieviel er hingeworfen hat. Nach dem Kampfe nehmen die Sieger schweigend ihr Geld und werfen sogleich neues hin. Es sind Hunderte von Menschen versammelt, aber kein Aufseher, kein Ordner ist vorhanden; sie haben es nicht nötig. Auch bei Volksversammlungen, wo viele Tausende zusammenkommen, habe ich nie einen Polizisten gesehen!

ROBERT GENIN berichtet in seinen Aufzeichnungen «Die ferne Insel» von 1928 auch vom großen Stolz der balinesischen Bauern – dem Hahnenkampf.

Ein Abend vor dem großen Fest für die Götter

Auf der Dorfstraße war jetzt viel Leben, denn in der Stunde vor Sonnenuntergang muß alles mögliche getan werden. Männer trugen ihre Hähne nach Hause, die tagsüber außerhalb der Hofmauer an der Straße gestanden hatten, um sich am Anblick der Vorübergehenden zu erfreuen. Frauen kamen mit viereckigen Körben auf dem Kopf von irgendwoher nach Hause. Entenhirten mit langen Stangen, an denen ein Wimpel aus Federn flatterte, trieben ihre kleine, schwänzelnde Herde von den Feldern. Mädchen füllten die Opfernischen vor den Toren. Alle wollten zu Hause und in Ordnung sein, bevor die Dunkelheit kam, in der die Dämonen und Geister frei werden. Männer mit Reisgarben an der Bambusstange. Männer mit riesigen Heubündeln, Männer mit hellbraunen, blanken Kühen, die vom Feld heimkehrten. Faule junge Männer mit Blumen hinterm Ohr und flott herausgeputzt. Fleißige alte Männer, dürr und weise. Alle kamen sie daher, einzeln aufgereiht, mit den aufrechten Nacken, den nackten Oberkörpern, dem unvergleichlichen Rhythmus ihres Ganges. Noch immer bin ich es nicht müde, diesen Menschen zuzusehen, wie sie schreiten, sich kauern, sich aufrichten, wie sie arbeiten und wie sie rasten. Hundegebell, der Rauch der offenen Küchenfeuer, der durch das Grasdach aufsteigt. Geruch von Zigaretten und Tjempakablumen. Die Mädchen kommen mit nassem, glattem Haar vom Bad und haben sich mit Blumen geschmückt. Da und dort brennt schon ein Öllämpchen hinter einem Verkaufsstand. Ein schwebender Klang, wie vom Geläute vieler zusammengestimmter Glocken: das ist der Gamĕlan, das balinesische Orchester mit seinem feinen Geflecht von Musik. Bei der großen Balé, dem Versammlungs- und Rastplatz des Dorfes, üben die Männer ihr Programm für das nächste Fest. Am Ausgang des Dorfes steht ein heiliger Baum, ein uralter Waringin, groß wie ein Dom, mit einer dunklen Kuppel aus Laub und mit Tausenden überhängenden, eisengrauen, eisenstarken greifenden Luftwurzeln. Unter dem riesigen Gewölbe steht einer der sechs Tempel vom Taman Sari, eine gespaltene Pforte, voll mit Göttergestalten, von Dämonen bewacht, führt in den ersten der drei Höfe. Tempel in Bali sind keine Gebäude, es sind freie Plätze an heiligen,von alt her ehrwürdigen Stellen. Dort stehen die großen steinernen und hölzernen Stühle und Throne, auf denen die unsichtbaren Götter sich niederlassen, wenn der Priester sie ruft. Ich blieb einen Augenblick am Tempeltor stehen, um ein paar Frauen mit großen Opferkörben auf den Köpfen vorbeizulassen. Die Gamĕlanmusik verklang, als ich das Dorf verließ und wieder über die Reisfelder ging. Jetzt sah ich den Großen Berg vor mir, mit ein paar waagerecht ziehenden Wolkenschleiern verhüllt. Die ersten Fledermäuse schwirrten schon, und die Zikaden machten einen heillosen Lärm.

VICKI BAUM (1888–1960), Schriftstellerin und Journalistin, schrieb mehrere spannende und oft verfilmte Romane. In «Liebe und Tod auf Bali» von 1937, einem ihrer erfolgreichen Werke, beschreibt sie eindrucksvoll die Schönheit der Menschen und ihr im Zeichen von Göttern und Traditionen stehendes Leben.

Leben ohne Einsamkeit: Die Religion auf Bali

Religion ist auf Bali überall. Sie ist hier das Fundament aller Pflichten und Freuden der Menschen. Sie läßt alle Gesetze vom Himmel auf die Erde niedersteigen. Sie läßt nichts und niemand sich jemals einsam fühlen. Jede Pflicht ist göttlich, jeder Platz heilig, jede Stunde geheiligt, alles Äußere, jede Äußerlichkeit geistig mit dem Innerlichen verbunden.

Kein Berg oder Hügel, kein Meeresstrand, kein See und Fluß, kein Wald oder großer Baum, kein Dorf, kein Abbau, kein Palast und Bauernhof, kein Verbrennungs- oder Begräbnisplatz ohne Tempel, der jederzeit geöffnet und für jeden zugänglich, wo das Dach ein ewig strahlender Himmel ist, wo Bäume ewig Blumen streuen und wo in dem Geäst der sanfte Wind ewig erhabene Akkorde ertönen läßt.

Kein Landmann, der nicht das beste Stück seines Hofes für seinen Haustempel abgrenzt. Hier pflanzt er die schönsten Bäume und Blumen, in deren Schatten baut er hölzerne oder steinerne Opferaltäre für die Götter, die er sich erwählt und denen er vertraut. Glaubt er in der Wahl eines Gottes nicht glücklich gewesen zu sein, sind seine Gebete nie erhört, reiche Opfergaben ohne Erfolg gewesen, dann stürzt er wohl zuweilen in bitterer Enttäuschung einen Altar um und baut einen neuen für eine andere Gottheit.

Das erste Werk einer neuen Dorfgenossenschaft, einer Subak oder jeder anderen Vereinigung ist der Bau eines Tempels für die Gottheit, unter deren Schutz das neue Unternehmen sich gestellt hat. Kein Ereignis, wie unbedeutend auch in dem Leben der umringenden Natur und des Menschen, von seiner Geburt bis zu seinem Tode und noch darüber hinaus, entbehrt göttlichen Einflusses und göttlicher Leitung.

GREGOR KRAUSE, Mediziner, war von 1912 bis 1914 im Auftrag der holländischen Regierung auf Bali. Er hinterließ eine umfangreiche Sammlung an Fotos und Texten, die das tägliche Leben der Balinesen ausführlich dokumentieren.

Reichtum und Schönheit der Insel

Wong desa angertanin gumin Ida Batara – die Dorfgenossen bearbeiten und verwalten das Land, es ist jedoch das Eigentum der Götter. So steht es in den balischen Dorfsatzungen. Wie viel Ehrfurcht vor der Gewalt der umringenden Natur und fromme Bescheidenheit der Menschen offenbart sich darin! Alle Weisheit und Gerechtigkeit, die diese Satzungen beherrscht, hat damit ihr Fundament. Den unsichtbaren, hoch oben in der Kühle und ewigen Bläue der Berge wohnenden Göttern gehört mit dem Lande auch alles, was darauf wächst, auch das Wasser, das darüber strömt, auch die Luft und das Licht, die als ewiger Frühling und Sommer es umschmeicheln, und auch die Erze, die sein Schoß birgt. Unsichtbar, doch überall fühlbar ist für jeden Balier der Hauch dieser Götter, die von ihren erhabenen Sitzen auf ihr Land herabschauen oder auf den Strahlen des Morgenrotes oder den sanften Schwingen des erwachenden Windes in ihre Wälder, Täler und Seen hinabsteigen, um sich ihres Besitzes zu erfreuen, in Würde und erhabener Ruhe, wie es Göttern geziemt. Sie lieben den Tag – die Nacht überlassen sie den Butas oder Dämonen –, sie sind so lichtvoll und freundlich wie dieser, stets gütig, kennen keinen Haß oder Rache; sie strafen nicht, sondern belohnen hilfreich den, der immer nur mit ihrer Erlaubnis und schuldlos mitgenießen und sich miterfreuen will des Reichtums und der Schönheit ihrer Insel.

Bali ist von der Natur besonders begünstigt. Gelegen zwischen 7°54′ und 8°53′ südlicher Breite, genießt es die gleichmäßige Wärme der Tropen, doch

Fortsetzung Seite 34

Der Legong, ein klassischer Tempeltanz, wird von anmutigen zehn- bis zwölfjährigen Mädchen getanzt. Bereits im Alter von fünf Jahren beginnen sie ihre Ausbildung, denn langjähriges Training ist nötig, um höchste Präzision im Ablauf der Bewegungen zu erreichen.

Auf dem Weg zum Tempel: Frauen bringen Früchte als Opfergaben für ein Fest.

Reisernte bei Ubud. Der Reis wird geschnitten, gedroschen und in Säcke verpackt.

Die bunte Vielfalt der Inselerzeugnisse verwöhnt das Auge: Straßenverkauf von Früchten und Gemüse in Balis Hauptstadt Denpasar.

ohne deren erschlaffende, dumpfbrütende Hitze, da es wegen seiner geringen Größe – ungefähr 5500 Quadratkilometer – und wegen seiner nach Norden und Süden fast gleichmäßig und sanft sich neigenden Ebenen überall den Meereswinden zugänglich ist. Als Fortsetzung der Vulkankette Javas, von der Bali, wie man sich heute vorstellt, ein in verhältnismäßig später geologischer Periode, die östliche Nachbarinsel Lombok ein viel früher abgesprengtes Stück ist, zieht von Westen nach Osten ein zentrales Gebirge, im westlichen Drittel alt-, im mittleren und östlichen jung-vulkanisch. Aus diesen beiden isolierten sich drei Gipfel von rein kegelförmiger Gestalt, von denen der östliche, Gunung Agung, der höchste – 3200 Meter – und weithin herrschende ist, der westliche, Batu Kaii, gänzlich bewaldet und mit still feierlichen Kraterseen an seinem Fuß der lieblichste, während der mittlere und niedrigste aber, der Batur ist; zugleich auch der gewaltigste. Der Wanderer, der von Süden sich diesem nähert, steht plötzlich vor einem z. T. bereits mit Bergurwald bewachsenen 1000 Meter steil ansteigenden Abhang. Einen Augenblick schauert ihn vor der jähen Tiefe, aber seine Augen jauchzen auf, wenn sie in dem Oval eines gerade noch überblickbaren Kraterzirkusses tief unten ein großes blaues Meer träumen sehen; fast mitten aus diesem emporgetaucht, so scheint es, steht breitfußig ein gewaltiger Kegel mit dunkelviolettem Samtkleid von Lava umhüllt; oben begrenzen ihn schöne nach unten konkav ausgeschwungene Linien, Riesenöffnungen, aus denen in festlicher Ruhe schneeiger Dampf aufsteigt. Früh am Morgen verhüllt Nebel das Bild und läßt nur den obersten Teil des Kegels frei; man sieht die treibenden Wolkenballen in die Krateröffnungen sich schmiegen, gleichsam um sich dort zu wärmen, bis der wirbelnde Dampf sie vertreibt.

Mit wachem Blick und westlichem Forscherdrang erkundete GREGOR KRAUSE die Insel in all ihrer landschaftlichen Vielfalt.

Blick auf den schimmernden Garten des Südens

Vom Norden der Insel kam ich, stand auf der Höhe des Paßweges zum Süden, umgeben von der erhaben drohenden Schönheit der Vulkane und sah den Abhang des Südens vor mir liegen, einem Garten gleich, der sich sanft zum Meere neigt, unendlich geteilt in die schimmernden Terrassen der überfluteten Reisfelder. Unzählig dazwischen das ernste Dunkel der heiligen Waringinbäume, die den Tempeln ihren Schat-

Opfergaben an die Götter sind fester Bestandteil des balinesischen Lebens. Für Tempelfeste werden sie an Marktständen und von fliegenden Händlern verkauft.

ten spenden, am Rande der Dörfer die ewig jungen Palmenwälder und darüber die Urkraft der Sonne, im Gleichmaß der Meerwinde gemildert.

Ich sah umher, hinüber zum Gipfel des Batur, leichte Schwefelwölkchen krochen aus seinen Abgründen, ihm zu Füßen, umkreist vom alten, vorzeitlichen Kraterrand, lag ein See, ein tiefschwarzes Lavaband zog zu seinen Ufern hinab, wie eine Mahnung an die nur schlafende Gewalt der Erde. Darüber aber, im Osten erhob sich der einsame, vollkommen gleichmäßige Kegel des höchsten Berges, des Gunung Agung, im kupfern leuchtenden Faltengewirr der Lava – es war Bali, ich stand auf einem seiner Wege, und es war nicht faßbar, unwirklich, unbegreiflich, wie ein wundersamer Traum.

Am Wege, wir fuhren talwärts, sah ich den ersten großen Tempel, und er war uralt. Moosüberwuchert das Gemäuer, verblaßt das Gold der Tempeltüren, aus längst vergangenen Zeiten die steinernen Wächter, die furchterregenden Bilder der Todesgöttin und ihrer Dienerinnen. Still und verwachsen mit hohen Gräsern war das Geviert des Hofes, seit langem schien nicht mehr der Dienst der Göttin geübt.

Schweigend ging ich wieder durch das große gespaltene Tor zur Straße. Sah zurück und fand an der Mauer, gemeißelt ins graue Gestein die Jahreszahl der Erbauung – 1932. Die Natur half den Menschen, wehrte der neuen Zeit und gab der Umgebung liebevoll das alte Bild, überbrückte die große Spanne von den Vorvätern zu den heute Lebenden, schuf ihnen dasselbe Bild ihrer Häuser und Tempel, wie vor tausend Jahren.

Ich weiß nicht, ob der Name *Bali* gedeutet worden ist, müßte ich ihn übersetzen, ich würde *Reis* dafür schreiben. Zu beiden Seiten des Weges stufen sich die Terrassen, klettern hinab in die Schluchten der Flüsse, wieder empor am andern Ufer, reihen sich aneinander, unablässig wie die Wiederkehr der Gezeiten. Das Reisfeld beherrscht das Gesicht der Landschaft.

Aber auch die Zutaten zum Mahle schenkt die Natur – ich entdecke Kaffeegesträuch, Zuckerpalmen, Papayabäume mit ihren kürbisähnlichen Früchten, Mangobäume, riesengroße Brotfrüchte und – nicht zu vergessen – überall leuchtet das starke Grün der breiten Bananenblätter. Und in den Höfen der Dörfer stehen die hohen Kokospalmen mit dicken behäbigen Nüssen.

Es wird wärmer, wir fahren talwärts, ich halte das weiße Wunder einer wilden Orchidee in den Händen. Talén, der den Wagen führt, pflückte sie mir.

Ihr Kelch ist geteilt, die Blätter geschweift in verzauberten Linien – und sie duftet, ja – ich spüre ihren Duft, er schließt in sich die Wahrheit, daß ich Bali erreicht habe.

Hundert Tage verweilte WALTER DREESEN 1937 auf Bali: Seine Reisebeschreibung ist eine Liebeserklärung an die Insel und ihre Bewohner.

Arbeit und Vergnügen im Dorf

Die Dorfgemeinschaft ist der starke Kern im arbeitsreichen Leben des Balinesen. Sie wurzelt wie ein mächtiger ehrfurchtsheischender Waringinbaum im Dorfe, ihre Äste dringen überall hin, halten das ganze Dasein schützend zusammen. Schon der Hausbau erfordert die Mitarbeit der Dorfgenossen. Die Arbeit am Sockel, Steinrand mit Stufen, ausgefüllt mit festgestampftem Lehm, das Aufführen der Wände ist einer Vereinigung vorbehalten, ebenso das Decken des Strohdaches, die Holzarbeit, Schnitzerei an den Dachpfosten und Bemalen der Verzierungen.

Der jungverheiratete Mann wird in die Subak – Reisvereinigung aufgenommen, mit den Gesetzen bekannt gemacht und erhält ein Amt zugewiesen. Außerdem fallen ihm noch die üblichen Pflichten in den andern für das Dorf lebenswichtigen Gemeinschaften zu, seiner Mitarbeit am Wohle aller darf er sich nicht entziehen; im sichtbaren Segen dieser Gesetze aufgewachsen, ist die Erfüllung ihm auch selbstverständlich.

Jeder Balinese hat ein Steckenpferd, Gamelan, Tanz, Schauspiel, Malen oder Schnitzen, er schließt sich zur Belehrung und zur Unterhaltung noch einer der Vereinigungen an, die diese Künste pflegen.

Besonders beeindruckt war WALTER DREESEN vom Zusammenhalt der Dorfgemeinschaften, auch heute noch Lebensform der meisten Balinesen.

«Bali stirbt nicht so leicht, es wird sich nur verwandeln.»

Durch die Enge zwischen Java und Bali zwängt sich das Meer in widerspenstiger Strömung. Man begreift, wie diese beiden Eilande, dem Bericht alter Schriften nach, früher ein Ganzes gewesen sein mögen. Die große Schuld eines Javanen – sagt die Legende – habe die Götter bewogen, in ihrem Zorn Bali einfach abzutrennen. Wir bangen um ein winziges Auslegerboot mitten im Wirbel der Wasserstraße und würden es am liebsten von oben an einer Schnur festhalten.

Von einerlei Art sind die hohen grünen Berge, die Java nach Osten und Bali nach Westen hin abschließen; ihre Gipfel von über zweitausend Meter Höhe umweht der Odem menschenferner, selbstgenügsamer Natur. Immer höher hinauf treiben sich die Blütenpflanzen, um nicht in der dunkeln Üppigkeit ihrer Nährbäume zu ersticken.

Nun rollt die Brandung von Mittag her und schüttet haufenweise ihre schaumigen Perlen an den Südstrand Balis. Weißglitzernde Behänge zieren die buchtigen Ufer. Im durchsichtigen Wasser tauchen Gebilde auf, wie erstarrte graugrüne Schleier. Korallenriffe von unvorstellbarem Grün, inwendig helleuchtend und außen giftdunkel gefaßt, tragen die Brandung in gleißenden Ketten. Märchenblau umspielt die wiegende See ihre steinernen Blütenwunder.

Noch eine Kurve beschreibt brummend unser Silbervogel um die felsige Südspitze Balis – und wir landen nördlich der Tafelhoek.

Ich zittere etwas, mit Vorurteil beladen: komme ich heute vielleicht schon zu spät nach Bali? Man hört und liest von «sterbender Insel», «Opfer der Zivilisation», «von Touristen überlaufen», – und wir, wir romantische Nachzügler der Weltgeschichte hätten uns doch zu gern hier ein menschliches Reservat erhalten, sozusagen ein Retiro, in das man jederzeit flüchten könnte aus den Klauen unseres «Fortschritts», – denn, wenn wir uns schon selbst darin gefangen haben, so sollt ihr doch wenigstens das bleiben, was ihr wart, damit wir uns an euch erlaben können.

Mein Flugprospekt versprach «balinese dancing girls under the wing of an Aeroplane». Gottlob, der Flugplatz verrät davon noch nichts. Nur am Rande des versengten Feldes hockt staunend das Volk der großen und kleinen Kinder, frohe Farbkleckse in der brandigen Steppe. Vor einer Bambushütte, dem provisorischen Flugbüro, warten schlecht bekleidete Kulis mit ihren Benzintanks, Fahrräder lehnen an den Pfählen des abgesteckten neuen Holzhauses, einige weibliche Gäste aus USA, mit emaillierten Gesichtern und rotgelackten Fußnägeln, entsteigen einem Auto.

An der breiten Straße, die vom Flugfeld zum nächsten Dorf hinabführt, wird noch gebaut. Wir begegnen balinesischen Arbeitern mit Hacke, Schaufel und Schuttkörben, – kein ermutigender Anblick für den Anfang! Aber man belehrt mich gleich: die Leute seien nur vorübergehend als Straßenarbeiter beschäftigt, sie bezahlen so ihre Steuer mit den Händen ab.

Unser Auto zwingt sie, ihre Arbeit kurz zu unterbrechen. Mit dem offenen Blick freier und stolzer Menschen schauen sie uns nach. Sie haben nichts vom «Untertan» an sich. Ihre bäuerlich-kräftige Brust droht das knappe, blauleinene Jäckchen schier zu zersprengen. Diese besondere Tracht wird sonst nirgendwo mehr auf dieser Insel getragen.

Nicht aus der balinesischen Küche wegzudenken: Kokosmilch und -fleisch geben zahlreichen Gerichten ihren typischen Geschmack. Nach dem Ernten der Frucht werden auch die Schalen weiterverarbeitet.

Meine Erwartung zerrt bald ins Unerträgliche: wo mag das Bali der Bücher und Träume endlich beginnen? Ich bin bei einem deutschen Maler-Musiker zu Gast geladen, der schon seit acht Jahren hier lebt und angeblich das schönste Haus der Insel besitzen soll. Ob er ein alter Oosterling ist, wie die Holländer jene zu nennen pflegen, die zwischen östlicher und westlicher Lebensform einen wunderlichen Kompromiß geschlossen haben?

In der kühlen Halle des Balihotels von Den Pasar finde ich ihn in Gesellschaft amerikanischer Touristen. Schon seine ersten Worte nach der Begrüßung – ich möge mich kurz gedulden, er habe schnell noch etwas auf der Bank zu erledigen – bringen meine Vermutungen überraschend ins Gleichgewicht; und er empfiehlt mir zur Kurzweil inzwischen das Gästebuch des Hotels, es sei sehr amüsant, ich würde vielen meiner berühmten Kollegen darin begegnen.

Wer heute auf Bali lebt, kann sich nicht über Einsamkeit beklagen: die Globetrotter aller Kontinente, die Abseitigen und die weltreisenden Stars, Dichter, Maler und Forscher, die Übersättigten und die Unersättlichen, – sie alle kommen einmal hierher, um sich für kurz oder lang wie Schmetterlinge auf einer Blüte niederzulassen und am köstlichsten irdischen Honig zu nippen.

Man müßte eine neue Sprache erfinden, um von Bali zu reden. Auch unsere kostbarsten Worte, jene wenigen, noch unversehrten Sprachgebilde, die noch Glanz und reinen Klang besitzen, können uns nur Bekanntes kundtun: Bali aber bleibt uns so fremd, daß wir es kaum im Traum erreichen. Scheinen wir nicht läppisch, wenn uns die Zunge überfließt, wenn sich die Stimme überschlägt und wir im zwanzigsten Jahrhundert noch in Hymnen reden wollten?

Wie aber soll man von jenem Land berichten, wo die Lauterkeit noch so fraglos wesenstief im Menschen geborgen liegt, daß man kein Aufhebens davon zu machen braucht, wo man sein Haustor nachts nicht vor dem lieben Nächsten, sondern nur vor bösen Geistern verschließt, wo eine Nachlässigkeit im Dienst gegen die Götter zu den strafbaren Handlungen gehört und wo die goldenen Schätze im Tempel offen, dem Schutze jedermanns anvertraut daliegen?

Man könnte Hymnen und Klagelieder zugleich über Bali und seine braunen Menschenkinder singen: Klagelieder, weil wir den Weg ihrer Bewußtwerdung, durch uns verursacht, heute nicht mehr aufzuhalten vermögen. Wie leicht und vorsichtig heute auch die Holländer dieses Schmuckstück ihrer Kolonien in sachten Händen halten mögen, sie haben es schon nicht mehr in der Hand, die glückhafte Kindheit dieses Volkes fürderhin zu bewahren. Unsere Anwesenheit allein wird ihnen zum Spiegel, darin sie sich betrachten, und unsere billige Bewunderung macht sie zum Schauobjekt für müßige Fremde. Neugierige Augen dringen in die sinnvolle Ordnung ihres kultdurchwobenen Daseins. Unsere Immunität gegen ihre Götter und Geister schlägt die erste Bresche in deren universelles Reich. Unser Mangel an Furcht und Ehrfurcht untergräbt allmählich ihre Bindungen nach obenhin. Hier und dort beginnt sich das Lebensgefüge zu spalten, das innerlich Notwendige sich dem äußerlichen Zweck unterzuordnen, man lernt die Kunst nach ihrem Kaufwert betrachten, bietet sie dem Fremden nach Verlangen und Bezahlung dar und geht dabei unmerklich ihrer eigenen Bedeutung verlustig.

Heute haben wir es schon nicht mehr nötig, diese Kinder der Sonne mit den Erzeugnissen unserer Industrie zu verderben: Japaner und Chinesen haben es längst nach bekanntem Vorbild übernommen; schon fängt der Balier an, sich seines unverdorbenen Körpers zu schämen und versteckt seine braungeglühte Brust lieber in einem Hemd von zweifelhaftem Alter, die Frauen verhüllen ihre herrlichen Formen gerne in einem Jäckchen aus billigem Maschinendruck und knüpfen statt des kostbaren Batikschals lieber ein schmutziges Frottierhandtuch um ihren Haarschopf.

Wir würden ihnen heute ja so gerne verbieten, das schön zu finden, was wir ihnen selber mitgebracht; aber sie lassen es sich jetzt nicht mehr nehmen, sie haben lesen und schreiben gelernt, von Fortschritt gehört und damit den Anspruch erworben, ihre eigene Entwicklung, ihre persönlichen Umwege zu sich selbst zu gehen, so weh uns das Zuschauen auch tun mag, die wir unsere Beteiligung an all dem nicht mehr aus der Geschichte streichen können. Aber Bali stirbt nicht so leicht, es wird sich nur verwandeln, wie sich alles wandeln muß, was in den Stromkreis heftiger Berührungen gelangt.

Die bekannte Cembalistin JULIA MENZ flog Ende der dreißiger Jahre mit dem «Pelikaan» von Amsterdam nach Indien. Während dieser Reise, die sie aus «reiner Sehnsucht» unternahm, besuchte sie auch die Insel Bali. «Maha Djalan», der Titel ihrer Reiseaufzeichnungen von 1940, bedeutet: der große Weg.

Die Kunst des Legong-Tanzes

In einer Hütte am Weg wird gerade Wajang Wong, das «Menschentheater», eingeübt. Ein junges Mädchen muß klagen: «Niemand hat mich lieb, niemand wird mich heiraten!» Aber es hört sich aus seinem Mund nicht echt an, das liebenswerte Geschöpf kann selbst nicht glauben, was seine blühenden Lippen sprechen,

Fortsetzung Seite 44

Messingbecken, Xylophone und Gongs sind die wesentlichen Instrumente eines Gamelan-Orchesters. Fast jede Dorfgemeinschaft verfügt über ein Gamelan, in dem etwa dreißig Männer spielen.

Lagune in der Candi-Dasa-Bucht im Osten der Insel.

Die Sandstrände der grünen Bucht von Padang Bai laden zum Baden.

Ein Großteil des balinesischen Alltags findet in der Öffentlichkeit statt, so auch die kleine Wäsche am Strand – an einem Ort, «wo das Dach ein ewig strahlender Himmel ist» (Gregor Krause).

und wir begreifen nur zu gut, warum. Der alte Schauspiellehrer aber gibt sich nicht zufrieden, unterbricht und verbessert seine hübsche Schülerin immer wieder und plagt sie redlich, da sie nicht genug verzweifelt ist.

Wir werden im Dorf Bedhoeloe erwartet. An der Straßenkreuzung empfängt uns ein Junge, um mit seinem blakenden Kokoslämpchen den schmalen Weg zwischen Mauern zu erleuchten. Unendlich sanft schmiegt sich die Nacht um uns. Der weiche Boden schluckt selbst unsere fremden Schritte. Wir landen geradewegs vor der offenen Tanzgarderobe, wo eben noch die kleinen Mädchen angekleidet werden. Wie Marionetten drehen sie sich um die eigene Achse, während der alte Legongmeister die goldbemalten roten Borten eng um ihre Brust bis unter die Achsel wickelt. Ein grüngoldner Kaïn fällt hinab bis zu den bloßen Füßen. Um Hals und Schultern liegt ein runder Kragen aus Brokat. Die Kindergesichtchen sind mit Reispuder hell bestäubt, die Stirne trägt das heilige Zeichen. In den ausgeweiteten Ohrläppchen stecken Spiralen, wie gedrechseltes Elfenbein. Ein blitzender Kopfschmuck krönt das prunkvolle Gewand. [...]

Was sie tanzen, haben sie nicht in diesem, ihrem kleinen, engumschlossenen Leben erfahren, es ist die Frucht und das Gut vieler Geschlechter, einer langen Geschichte. Sie dürfen ihren Göttern als Tanzwesen ja nur so lange dienen, als sie noch nicht ganz der Erde angehören. Mit Beginn ihrer Reife werden sie zu tanzen aufhören, genau dann, wenn man bei uns der Reife wegen anfängt, «ausdrucksvoll» zu werden. Sie haben die Erlebnisse ihres eigenen Daseins nicht nötig, um dem Tanz Gehalt und Sinn zu verleihen, was sie besitzen und wissen, tragen sie schon seit Anbeginn in sich.

Schmetterlingshaft schwirren und zittern die Mädchen in den vorgezeichneten Figuren des Legong. In einer Art heiliger Nüchternheit, einem gläubigen Gehorsam vollführen ihre biegsamen keuschen Körperchen das tänzerische Zeremoniell, beschreiben ihre akrobatisch gewandten Hände und Finger eine rhythmisch differenzierte Ornamentik ohnegleichen. Wie schwere Blütenkelche zucken und schaukeln ihre bleichen Gesichter über dem zarten Stamm des Halses. Seltsam! Wie leicht dieser Tanz wirkt, ohne daß die Tänzerinnen sich wesentlich vom Erboden entfernten!

JULIA MENZ war fasziniert von Musik und Tanz der Inselbewohner. Ihre einfühlsamen Schilderungen geben einen Einblick in diese östliche Wunderwelt.

Die Bewohner der trockenen Küstengebiete bestreiten ihren Lebensunterhalt durch Fischfang. Mit ihren Auslegerbooten fahren die Männer hinaus aufs Meer – dies ist nicht ganz ungefährlich, denn die Boote sind zwar schnell und wendig, aber auch instabil.

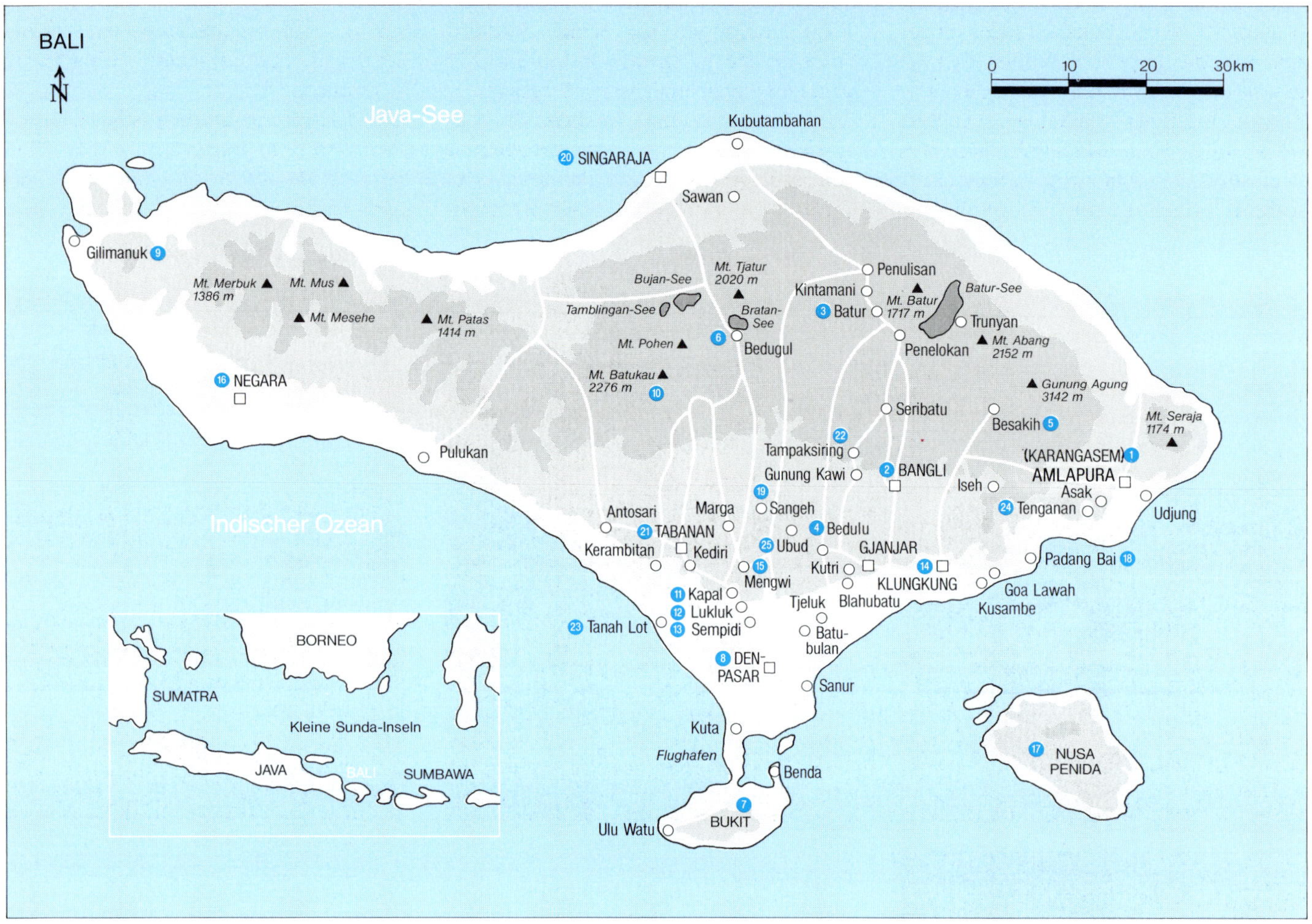

Kursive Ziffern verweisen auf Farbabbildungen, Ziffern im Kreis auf die Karte.

ALLGEMEINE INFORMATIONEN

Endlose Strände, sanfter Wind über Palmen, Tropen … Die Jahresdurchschnittstemperatur liegt auf Bali, bei sehr hoher Luftfeuchtigkeit, zwischen 25 und 30 Grad. Wer denkt da schon an Berge von 3000 Metern und mehr und Temperaturen von 15 Grad und weniger? Der Dezember ist der regenreichste Monat, August/September sind am trockensten. Bei häufig leicht verhangenem Himmel unterschätzen viele die Stärke der Sonnenstrahlen. Also: keine Bekleidung aus Kunstfasern, sondern nur aus reiner Baumwolle oder Leinen mitnehmen, ebenso Wolljacke und Regenschutz!
Und das Meer ist auch nicht so sanft, wie das Klima verspricht! Nicht umsonst spielt sich das Leben mehr im Inselinneren ab als an der Küste! Hohe Brandung und starke Unterströmung machen die Strände ohne vorgelagerte Riffe ausgesprochen gefährlich.

Bettler, wie sonst in ganz Asien, gibt es auf Bali nicht, höchstens ein paar Kinder, die ein lächelndes «tidak ada» (ich hab' nichts) im allgemeinen schnell vertreibt. Wirklich aufdringliche Souvenirverkäufer stören nur an sehr wenigen Plätzen.
Auskünfte: Indonesisches Fremdenverkehrsamt, Wiesenhüttenplatz 26, 6000 Frankfurt/Main, Telefon 069/23 36 77-78.

LAGE UND GRÖSSE. Geologisch bildet Bali die Fortsetzung von Java. Eine Kette von zum Teil noch tätigen Vulkanen durchzieht die Insel in west-östlicher Richtung. Der Gunung Agung ist mit 3142 Metern der höchste Vulkan. Die Vulkankette fällt zum Norden hin recht steil ab und läßt nur wenig Nutzland. Gen Süden läuft sie flach aus. Durch vulkanische Ablagerungen entstand viel fruchtbares Land, das intensiv genutzt wird. Westen, Norden und Bukit sind heißer, vegetationsärmer und trockener als das Kernland. Der vulkanische Gebirgszug besteht aus Granit und tertiärem Kalk- und Sandstein. Bali ist etwa 140 Kilometer lang, 80 Kilometer breit und hat eine Gesamtfläche von 5661 Quadratkilometern.

RELIGION. 95 Prozent der Bevölkerung sind Hindus. Agama Hindu Bali, so wird die Religion genannt, birgt auch Elemente von Buddhismus, Ahnenkult und Animismus in sich und ist, letztlich, monotheistisch. Himmel und Hölle werden von einer Vielzahl von Göttern und Dämonen bevölkert, die über die Welt herrschen. Götter leben auf Bergen, Dämonen im Meer. Beiden wird gleichermaßen gehuldigt. Das tägliche Leben ist tief durchdrungen von gelebter Religiosität. Überall sieht man Opfergaben: vor Hauseingängen, auf Straßen, an gefährlichen Kreuzungen, vor und in Tempeln und auf dem Markt. Verbrennungen sind fröhliche, große Feste, bei denen der Tuak reichlich fließt. Nach balinesischer Auffassung wird die Seele frei, wenn der Körper verbrennt. Für die kostspielige Zeremonie wird häufig jahrelang gespart. (Unbedingt sehenswert!)

Verschiedene weitere Durchgangsrituale bestimmen den Lebenslauf jedes einzelnen wie die Opfervorschriften den Tagesablauf. Candi bentar, das gespaltene Tor, ist eine typische Eigenart von Tempeln und Palästen und symbolisiert den Dualismus der Welt. Zum Tempelbesuch sollte man ein um die Leibesmitte geschlungenes Tuch tragen. (Das kann auch ein einfaches Kopftuch sein.) *9, 16, 17, 19, 25, 30/31, 35*

SPRACHE. Das vierstufige Kastensystem hat auf Bali zu drei Sprachebenen geführt: zur Volkssprache, Hochsprache und einer Mischform aus beiden; außerdem sprechen die Priester bei Ritualhandlungen fast reines Sanskrit. Amtssprache ist Bahasa Indonesia, die Einheitssprache malaiischer Prägung.
Weil Terima kasih = Dankeschön (gesprochen: trima kasi – mit gerolltem r und scharfem s) jedem Balinesen viel Freude macht und dem Reisenden manches erleichtert, hier noch eine Mini-Anleitung zu besserer Verständigung. Balinesen sind sehr höfliche Menschen. Körpersprache wird deutlichst wahrgenommen und ist dem gesprochenen Wort gleichwertig. Über der Brust verschränkte oder in die Hüften gestemmte Arme sind sehr aggressive Gesten; die Hände versteckt man auch nicht in Taschen, und zu nacktes Herumlaufen wird immer als eindeutige Aufforderung verstanden ...
Die Aussprache ist vergleichsweise einfach und dem Deutschen sehr ähnlich: «c» wird als tsch gesprochen, «e» ist meistens unbetont, «j» ist ein weiteres dsch, «r» und «s» siehe oben, «v» wie unser w, «w» wie im Englischen, «y» wie unser j, und «z» ist immer ein weiches s.
ya = ja / tidak = nein / ada = es gibt, gibt es? / tidak ada = es gibt nicht / bagus = gut / baik = schön / ma'af = Entschuldigung / berapa harga = wie teuer? / terlalu = zuviel / mahal = teuer / terlalu mahal =

Oben: Prozessionszug. Unten: Hochzeitsfeier.

Oben rechts: Eine der zahlreichen Opferstellen. Unten rechts: Tempelfest mit Opfergaben.

zu teuer / dokter = Arzt / manis = süß / asin = salzig / kecap = Sojasauce / air = Wasser / es = Eis

Grußformeln:
selamat pagi = guten Morgen
(7 – 11 Uhr)

Feuertanz auf glühenden Kokosnußschalen.

selamat siang = guten Tag
(11 – 15 Uhr)
selamat sore = guten Tag
(15 – 18 Uhr)
selamat malam = guten Abend
(ab 18 Uhr)

Zahlen:
1 satu / 2 dua / 3 tiga / 4 empat / 5 lima / 6 enam / 7 tujuh / 8 delapan / 9 sembilan / 10 sepuluh / 11 sebalas / 12 duabelas / 13 tigabelas / 14 empatbelas/usw.
20 dua puluh / 30 tiga puluh / 31 tiga – puluh – satu (3 – 10 – 1) / 40 empat puluh / 50 lima puluh / 55 lima – puluh – lima (5 – 10 – 5) / 60 enam puluh / 100 seratus / 200 duaratus / 300 tigaratus / usw. 1000 seribu / 2000 duaribu / 3000 tigaribu / 10 000 sepuluh ribu / 100 000 seratus ribu / 1 000 000 sejuta

Empfehlung: «Indonesisch für Globetrotter», Peter-Rump-Verlag, Bielefeld.

VERKEHR. Der Straßenverkehr ist katastrophal. Viel schlimmer als zum Beispiel in Kairo, weil völlig unberechenbar. Kamikaze-Motorradfahrer sind keine Ausnahme. – Eigentlich herrscht ja Linksverkehr, aber man kann sich nie so ganz darauf verlassen. Einzige Regel: höchste Aufmerksamkeit und immer dem Stärkeren ausweichen! Glücklicherweise gibt es Bemos (offene Personen-Lastwagen) und Leihwagen mit Fahrer.

Der durch sein gewaltiges Ausmaß viel Schatten spendende *Banyan- oder Waringinbaum* (siehe Bangli) ist Hindus und Buddhisten heilig und auf Bali Zentrum jedes Dorfs: Je mächtiger er mit seinen vielen Luftwurzeln ist, desto älter und angesehener ist auch der Ort. Wie der Banyanbaum gehören auch jeweils drei Tempel, der Trommelturm (Kulkul) und die Versammlungshalle (Bale agung) zu jedem Dorf. Prächtige Exemplare sind in Bangli und nahe Kapal an der Straße Denpasar – Gilimanuk zu bewundern.
Viele Vogel-, Insekten-, Fledermaus- und Schlangenarten. Wasserbüffel werden

Oben: Der weltberühmte Kecak- oder Affentanz. Unten: Mitten im Urwald liegt Tenganan.

FLORA UND FAUNA

Üppige Vegetation mit vielen farbintensiven Blütenpflanzen. Reis (Naßanbau) bringt zwei bis drei Ernten im Jahr und bestimmt mit Bananenstauden und Kokospalmen das Landschaftsbild. Ebenso werden Gewürze, Kaffee, Zuckerrohr, Tabak, Obst und Gemüse angebaut.

beim Reisanbau eingesetzt, Geckos sorgen für die Insektenvertilgung, unzählige Frösche für abendliche Konzerte und Enten für die Beseitigung der Schnecken in den Reisfeldern. Rotrinder und das schwarze Hängebauchschwein sind typisch für Bali. *4/5, 12/13, 26, 32/33*

(einfache Unterkünfte), ist das Dorado der Australier, überall «Aussies» genannt. Herrlich langer Strand mit sehr schönen Sonnenuntergängen und reichhaltigem Beach Service (Massagen etc.). *Sanur,* an sehr langem, schönem Strand gelegen, wird hauptsächlich von Franzosen und

Handara Golf-Clubs. Tennisplätze in den Touristenzentren. Surfen, Windsurfen, Tauchen und Schnorcheln sind beliebte Wassersportarten. (Ausrüstungen können geliehen werden.) – Die Gegend um Ubud ist ein guter Ausgangsort für Fahrradtouren (Fahrradverleih).

Singaraja, chinesischer Tempel.

Oben: Schattenspiel. Unten: Mitglieder eines Gamelan-Orchesters.

ÜBERNACHTUNG

In Denpasar, Ubud und den Touristenzentren Kuta/Legian, Sanur und Nusa Dua besteht ein reichhaltiges Angebot für jeden Geldbeutel. Die Preise sind dollarorientiert. *Kuta/Legian,* ein langgestrecktes Straßendorf voller Lärm, Boutiquen, Restaurants, Hotels und Losmen Italienern besucht. Relativ ruhig und voller Atmosphäre.
In vielen anderen Orten stehen Losmen und Privatunterkünfte zur Verfügung.

SPORT

Für Golfer gibt es zwei Drei-Loch-Plätze und den Achtzehn-Loch-Platz des Bali

UNTERHALTUNG

Hahnenkämpfe. National«sport», bei dem häufig das gesamte Vermögen verwettet wurde, und seit 1982 nur noch am Vorabend von Tempelfesten gestattet. Dennoch ist ein guter Kampfhahn nach wie vor der Stolz eines jeden Mannes. Mit viel Lächeln und deutlich gezeigtem Interesse ist es unter Umständen aber möglich, einen unblutigen Hahnenkampf zu erleben: ein unglaublich faszinierendes Spektakel!

Schattenspiel. Ursprünglich diente dieses wahrscheinlich aus vorhinduistischer Zeit stammende, sehr alte Spiel, Wayang Kulit, der Vertreibung böser Geister und der Kontaktaufnahme mit den Ahnen. Inhalt sind häufig die Epen Ramayana und Mahabharata.
Seit kurzer Zeit werden den Touristen auch Schattenspiele mit englischem Text angeboten, denen selbstverständlich der Wert und Charme des Originalen fehlt.

Tanz und Musik. *Gamelan*-Musik ist ein wesentlicher Teil der balinesischen

Kultur. Ein komplettes Gamelan-Orchester umfaßt 75 Instrumente (Messingbecken, Gongs und Xylophone), die von mindestens 30 Männern gespielt werden. Tonart, Rhythmus und Intervalle sind dem europäischen Ohr sehr fremd. Ursprünglich wurde zur Freude der Götter oder Rajas musiziert und getanzt. Bei allen Tänzen ist die Bewegung von Augen, Händen und Hüften bedeutungsvoller als die der Füße. In allen Touristenzentren werden heute täglich verschiedene Tanzaufführungen angeboten.

Fischverkäufer mit vielfältigem Angebot.

Die häufigsten Tänze bzw. Tanz-Dramen: *Barong-* und *Kris-Tanz.* Barong, ein phantastisches, mythologisches Ungeheuer, Verkörperung der weißen (guten) Magie, kämpft gegen die Hexenmutter Rangda, Herrin über die schwarze (böse) Magie. Im Kris-(Dolch-)Tanz scheint Rangdas Macht zu überwiegen: Die Männer richten den Kris gegen sich selbst. Beide Tänze werden gewöhnlich in Tempeln aufgeführt. – *Kecak.* Der weltberühmte Affentanz ist in seiner heutigen Form eine Kreation des 20. Jahrhunderts. Fünfzig und mehr Männer beschwören das Auftauchen von Rama und Sita, dem klassischen Liebespaar aus dem Ramayana-Epos. Kecak wird abends, beim Schein von Öllampen, aufgeführt. Häufig schließen sich Trance-Tänze an. *Sanghyang Dedari* wird von zwei sehr jungen Mädchen getanzt. Im *Sanghyang Jaran* reitet ein Mann mit einem Steckenpferd über glühende Kokosnußschalen. *Topeng* ist ein Maskentanz voller komisch-burlesker Elemente. *Legong,* der charmanteste aller balinesischen Tänze, wird von drei anmutigen jungen Mädchen vorgetragen. Manchmal folgt darauf der *Oleg Tambulilingan,* ein bezaubernd getanzter Flirt, der an das Flattern von Paradiesvögeln erinnert.

Oben: Obst- und Gemüsehändler. Unten: Tabakverarbeitung.

In *Batubulan,* ungefähr acht Kilometer nordöstlich von Denpasar, kann man morgens den Proben der Institute KOKAR und ASTI (für klassische Musik und Tanz) zusehen bzw. zuhören. *2, 22, 23, 29, 39*

ESSEN UND TRINKEN

Die balinesischen Speisen sind stark gewürzt, dazu leicht süßlich, und wurden ursprünglich nur zu Tempelfesten groß aufgetischt. Hauptnahrungsmittel ist Reis (Nasi). Nasi goreng ist gebratener Reis mit verschiedenen Beilagen, Sambal eine scharfe Gewürzpaste oder -sauce, Saté sind verschiedene Spießchen vom Holzkohlengrill. Landestypische Spezialitäten müssen meistens vorbestellt werden: Betutu Bebek, in Bananenblättern geschmorte Ente, Ikan Asem Manis, süßsaurer Fisch, und Babi Guling, Spanferkel, sind echte Delikatessen. Auf dem

Beach Market von Sanur gibt es die beste einheimische Küche. Von den vielen köstlichen Früchten seien nur die bei uns nicht erhältlichen erwähnt: Rambutan (ähnlich der Litschi), Srikaya (Netzanone), Manggis (Mangostane), Jambu

Oben: Maler in Ubud. Unten: Strand des Fischerdorfs Padang Bai.

Air (Rosenapfel), Jeruk Bali (grüne Pampelmusenart), Belimbing (Sternfrucht), Duku (Langsatfrucht), Durian, Salak (Schlangenhautfrucht). «Oranges» sind Mandarinen. Von den vielen Bananensorten schmecken Pisang susu (Milchbanane) und Pisang raja (Königsbanane) am besten. *27, 34, 37*

Landesübliche Getränke sind Tee (Teh), Kaffee (Kopi), der Saft der jungen Kokosnuß (Air kelapa muda) und köstliche frischgepreßte Fruchtsäfte. Lokale Alkoholika sind Brem (sherryähnlich), Arrak und Tuak (starker Palmwein).

Findet man kein Restaurant, so kann man an einem Warung (Essensstand) essen. Der Warung ist ein indonesischer Import: Mal besteht er aus einem Laden mit Holzbänken, mal aus einem zweirädrigen Karren oder aus einem auf dem Kopf transportierten Tisch.

EINKAUFSTIPS

Das traditionelle Kunsthandwerk wird auf Bali auch heute noch gepflegt.

Manche Orte haben sich spezialisiert: *Ubud* – Malerei, *Mas* – Holzschnitzerei, *Celuk* – Silberarbeiten (überwiegend Filigran). Souvenirläden, Art Markets und Art Galleries finden sich überall. Das Angebot ist reichhaltig und verführerisch, deshalb sollte man vor dem Kauf unbedingt den Blick im Bali-Museum von Denpasar schulen!

Ausschnitt aus einem Gemälde.

Hier ein paar Tips für mehr Freude an den Souvenirs: Silber immer durch Kratzen an der Innenseite prüfen. Batiken sind typisch für Java, nicht für Bali. Sehr schön und einmalig sind die in Tenganan gewebten Doppel-Ikats, allerdings auch teuer. Figuren aus Kepeng-Münzen finden sich nur noch selten, dafür ist die Auswahl an Masken, balinesischen Kalendern, Bildern und Schattenspielfiguren um so größer. Bei Antiquitäten ist Skepsis angebracht, will man nicht mit einer Imitation nach Hause zurückkehren. Grundsätzlich wird der Käufer, der nicht handelt, auch nicht geachtet. Der Kaufpreis ist immer Verhandlungssache! Als Richtwert mag dienen: Ein Drittel des erstgenannten Preises ist in etwa angemessen.

ORTE UND SEHENSWÜRDIGKEITEN

Amlapura (Karangasem) ①. Ende des 18., Anfang des 19. Jahrhunderts war Karangasem ein mächtiges Reich, das sich lange Zeit auf weite Teile der Insel

Lombok erstreckte. Die Rajas (Könige, Fürsten) residierten in Amlapura, der östlichsten Stadt Balis. Während der holländischen Eroberung, Anfang dieses Jahrhunderts, kollaborierte der damalige Raja mit den Holländern. Dafür blieb er in Amt und Würden. Deshalb bewachen die zwei Löwen aus dem holländischen Wappen die beiden Eingangstürme des Puri (Palast) Agung Kanginam. Sehenswerte, sehr fein gearbeitete Reliefs. Vom Bale (Pavillon) über dem künstlich angelegten See bietet sich ein schöner Blick über die gesamte Anlage, eine Mischung aus balinesischen, chinesischen und europäischen Stilelementen. Einzig die blau-goldenen, reich geschnitzten Türen der Bale London, eine eindeutig chinesische Arbeit, lassen heute noch den früheren Glanz des Palastes ahnen. 1963 zerstörte ein Vulkanausbruch des Gunung Agung und 1982 ein schweres Erdbeben nicht nur weite Teile Ostbalis, sondern auch den Wasserpalast in Ujung, etwa fünf Kilometer südlich von Amlapura. Tirtagangga, eine Anlage aus den dreißiger Jahren, liegt ungefähr fünf Kilometer westlich von Amlapura an der Straße nach Singaraja inmitten herrlicher Landschaft.

Bangli ②. Der Ort ist bekannt für sein angenehmes Klima und den sehenswerten Tempel Pura Kehen, der schon im 11. Jahrhundert von einem Priester aus königlichem Geschlecht gegründet worden sein soll. Pura Kehen ist ein in sieben Terrassen angelegtes Bergheiligtum und von einzigartiger Atmosphäre, wenn die Hürde der Souvenirverkäufer am Parkplatz einmal genommen ist. An dem reich verzierten Haupttor prangt eine ausdrucksvolle Kala-Boma-Fratze, die mit ihren gespreizten Händen jeden bösen Eindringling fernhalten soll. Im ersten Vorhof ein riesiger Banyanbaum (auch Waringin- oder Bodhibaum, ficus religiosa). Höhepunkt des Tempels ist der elfstufige, Shiva geweihte Meru (pagodenähnlicher Tempelschrein mit ein- oder mehrstufigem Dach), eine sehr schöne Darstellung des balinesischen Weltbilds: Auf der schlangenumschlungenen Unterweltschildkröte ruht der Schrein, die Welt, über die sich der Meru, die himmlische Oberwelt, erhebt. Gleich daneben der von Pflanzen überwucherte Göttersitz für die Hindu-Trinität Brahma-Vishnu-Shiva (Padmasana Trimurti). Wie an vielen anderen balinesischen Tempeln wurden auch hier Porzellanteller in die Mauern eingelassen: Denn alles Kostbare opfert man den Göttern. Und alles aus dem Ausland ist eben kostbar.

Trunyan: vielbeschriebenes und nicht gerade fremdenfreundliches Dorf am Batursee. Die Bewohner gehören zu den Bali Aga (Ureinwohner) und überlassen ihre Toten, an einem Platz außerhalb des Dorfs, dem natürlichen Verwesungspro-

Oben: Tempel Pura Kehen in Bangli. Unten: Banyanbaum.

Batur ③. Noch tätiger Vulkan (1717 m) und gleichnamiger Kratersee. In der Nähe die Orte *Penelokan, Trunyan, Kintamani* und *Penulisan.*

Penelokan bietet einen sehr schönen Blick auf den Batursee, einige gute Restaurants und für Bali außergewöhnlich unfreundlich-aufdringliche Menschen, die mir sogar die etwa halbstündige Bootsfahrt nach Trunyan verleideten.

zeß. Pura Batur, zwischen dem Dorf Batur und *Kintamani* (1500 m), ist ein riesiger, moderner Tempelkomplex, der durch die Schlichtheit seiner Bauwerke auffällt und seit dem Vulkanausbruch 1927 unvollendet blieb. Balis höchstgelegener Tempel ist der Pura Tegen Koripan in *Penelokan.* Gut 300 Treppenstufen sind bis zu diesem uralten Heiligtum zu bewältigen. Entschädigung für den mühsamen Anstieg: traumhafte Stille und Statuen und Doppel-Linggas (Phallus-Steine) aus dem 11. Jahrhundert.

Bedulu ④ und Umgebung. Historisch bedeutsam ist der Pura Bukit Darma in

Oben: Der von Pinienwäldern umgebene Bratansee. Unten: Denpasar, Art Center.

Kutri, weil ein sehr verwittertes Relief aus dem 11. Jahrhundert dort entdeckt wurde. Es stellt in Gestalt der Todesgöttin Darma die Mutter des für die balinesische Geschichte sehr wichtigen Königs Airlangga dar. *Pejeng* hat rund vierzig Tempel. Im Pura Penataran Sasih wird der «Mond von Pejeng», eine Bronzetrommel aus der Dong-Song-Zeit (etwa 300 v. Chr.), aufbewahrt, die größte Kesseltrommel der Welt. In *Bedulu* gibt es ein Museum mit Funden aus der Megalith- und Bronzezeit. *Goa Gajah,* die Elefantenhöhle aus dem 11. Jahrhundert, liegt in einem Tal bei einem Quellheiligtum. Die Höhle wurde schon 1074 als Kultstätte genutzt. Im Innern eine Ganesha-Statue (elefantenköpfige Hindugottheit) und drei Linggas. Die beiden Badestellen vor der Höhle wurden erst 1954 ausgegraben: Je drei Frauen halten Gefäße, aus denen das Wasser in die Bekken fließt. Inmitten herrlicher Landschaft liegt der «Berg der Poesie», *Gunung Kawi:* aus dem Fels herausgeschlagene Erinnerungsmale in Candi-Form (11. Jh.). Wenige Schritte weiter ein kleines, sehr altes Heiligtum, das nur barfuß betreten werden darf. In den Höhlen meditierten früher Eremiten. Kein Wunder, denn dieses kleine Tal ist voller Poesie, Mystik und sanfter Stille –

Bukit, Tempel von Ulu Watu.

eine Landschaft von betörender Schönheit. Zum Relief von *Yeh Pulu* (14./15. Jh.) gelangt man über schmale Pfade durch Reisfelder. Es ist 25 Meter lang und etwa zwei Meter hoch und erzählt in verschiedenen Szenen eine Geschichte, die heute keiner mehr deuten kann. Ein nur zweiarmiger Ganesha schließt den Zyklus ab. Die zeitliche Einordnung dieses Hochreliefs ist sehr schwierig, weil es nichts Vergleichbares auf Bali oder Java gibt – es ist einzigartig!

Besakih ⑤. Am Südhang von Balis höchstem und heiligstem Vulkan, dem Gunung Agung, liegt die riesige Tempelanlage von Besakih, das Hauptheiligtum der Insel, der «Muttertempel». Tempelfeste sind seit dem 11. Jahrhundert belegt. Wahrscheinlich bestand hier schon in vorhinduistischer Zeit ein Heiligtum. Wer die prächtigen Tempel von Bangli und Mengwi kennt, ist nach dem Aufstieg zum Besakih etwas enttäuscht: Außer einer Vielzahl von einfachen Bales und Merus auf verschiedenen Terrassen ist nur der Pura Panataran Agung interessant. Er ist der Hindu-Trinität Brahma-Shiva-Vishnu geweiht und wurde im 15. Jahrhundert der Ahnentempel der Gelgel-Klungkung-Dynastie. Heute ist Besakih Nationalheiligtum. Eka Dasa Rudra, das größte balinesische Tempelfest, wird nur alle 100 Jahre zelebriert. Im August/September gibt es an den Ständen am Weg die besten Salak-Früchte.

Oben: Straßenbau in Handarbeit in der Nähe von Ubud. Unten: Bemo in Denpasar.

Bratansee und Umgebung ⑥. Dieser Kratersee (1240 m) hüllt sich gern in Nebelschwaden oder Regen. Infolgedessen kann es in *Bedugul* sehr kühl sein. Pura Ulu Danu, zwischen Bedugul und Candikuning, ist der Wassergöttin Dewi Danu geweiht und idyllisch auf einer kleinen Insel im See gelegen. In der Nähe einige Restaurants und Balis einziger Achtzehn-Loch-Golfplatz. Das Klubhaus (Hotel und Restaurant) bedarf derzeit dringend der Renovierung. Auf dem Markt von Bukit Munggu, an der Hauptstraße nach Singaraja, gibt es vorzügliche Früchte und Orchideen von der Orchideenzucht in Lila Graha. *15, 21*

Bukit (Halbinsel) ⑦. Bis 200 Meter über dem Meer erhebt sich Balis Südzipfel, eine Kalksandsteinplatte, bewachsen mit trockenem, kargem Buschland. Hoch über der malerischen Steilküste liegt das Heiligtum Pura Luhur Ulu Watu. Es ist der Schutzgöttin des Meeres und der Seen geweiht. Hauptattraktionen des eher bescheidenen Tempels sind die außerordentliche Lage und die Tempelaffen, die hier ihre lustig-frechen Spielchen treiben. Reicher Skulpturenschmuck an den Portalen. – An der Ostküste Bukits liegt der als Touristengetto konzipierte und auch so gemeinte Komplex von Nusa Dua mit mehreren Hotels an herrlich weiter, weißer Sandbucht. Eine sehr schöne, europäischem Standard entsprechende Anlage in balinesischem Stil. *6/7*

Denpasar (Badung) ⑧. Hauptstadt mit rund 200 000 Einwohnern. Typische Tropenstadt, um die man leider nicht herumkommt, denn alle Straßen führen direkt auf den Puputan-Platz, wo sich 1906 der Raja und sein Gefolge, nur mit Dolchen bewaffnet, den Holländern einen selbstmörderischen Kampf lieferten. Dort wacht auch die viergesichtige Statue des Batara Guru über Verkehrschaos und Lärm. Haupteinkaufsstraße: Jalan Gajah Mada. Sehenswerter Markt. Von großem Interesse ist das *Bali-Museum* am Puputan-Platz, das einen sehr guten Überblick über Architektur und Kunst auf Bali vermittelt. Im Art Center Kesiman finden fast täglich Tanz-, Konzert- oder Theateraufführungen statt, und im Juni/Juli ist es Schauplatz des großen Bali-Festivals. *34*

Gilimanuk ⑨. Völlig unromantischer Hafen im Westen für den Fährverkehr von und nach Java. Eine gut ausgebaute Straße verbindet den Ort mit Denpasar.

Gunung Batukau ⑩. Kleine Straßen führen nördlich von Tabanan durch Reisfelder und Dörfer – vorbei an heißen, heiligen Quellen, Air panas – zu dem mitten im Urwald liegenden Pura Batu Kau, einst Ahnentempel der Rajas aus Tabanan. Ganz in der Nähe liegt ein künstlicher See. Die Lage im Dschungel am Hang des zweithöchsten Vulkans, Gunung Batukau (2278 m) ist einzigartig.

Kapal ⑪, **Lukluk** ⑫, **Sempidi** ⑬. In diesen nordwestlich von Denpasar liegenden Dörfern, an der Straße nach Gilimanuk, stehen einige sehenswerte Tempel mit kunstvollem, reichem Skulpturenschmuck. In Kapal säumen in Zement gegossene Tempelreliefs, Toiletten, Götterstatuen und stillende Mütter die Hauptstraße. Früher war es bekannt als Dorf der Töpferinnen.

Klungkung ⑭. Bale Kembang und Kerta Gosa, ehemalige Gerichtshalle und oberstes Gericht Balis, sind in reinem Wayang-Stil mit farbenprächtigen, drastischen Szenen äußerst phantasievoll ausgemalt. Diese Deckenbemalungen (18. Jh.) gehören zu den kostbarsten Zeugnissen der balinesischen Feudalzeit. Sie sind in Zeilen zu lesen und zeigen ganz oben die Himmel der Rechtschaffenen. Klungkung war lange Zeit das angesehenste Königreich der Insel.

Mengwi ⑮. Der Pura Taman Ayun ist ein sehr gepflegter Tempel mit farbenprächtigen Odalans (Tempelfest), vielen Schreinen, herrlichen Holz- und Steinskulpturen und fünf elfstufigen Merus. Bemerkenswerter Thron für die Hindu-Trinität. – Manche halten Taman Ayun für den schönsten Tempel Balis. Vom Kulkul-Turm aus herrlicher Blick.

Oben: Bei Klungkung. Unten: Mengwi, Tempel Pura Taman Ayun.

Negara ⑯. Wenig besuchte Hauptstadt des Distrikts Jembrana. Bekannt für Stierrennen zur Erntezeit.

Nusa Penida ⑰, **Lembongan** und **Serangan.** Die drei Bali vorgelagerten Inselchen sind felsig und dünn besiedelt. Spärliche Vegetation und seltene Vögel. Die Goa Karangsari auf *Nusa Penida* ist eine Tropfsteinhöhle mit unterirdischem See. Am balinesischen Neujahrstag wird hier ein großes Opferfest gefeiert. (Tägliche Schiffsverbindung ab Kusamba.) Auf *Serangan* werden Meeresschildkröten gezüchtet, die für den Nachschub an Turtle Steaks auf Bali sorgen. Drei Tage dauernder Odalan im Pura Sakenan mit großen Prozessionen auf dem Meer. (Boote ab Benoa oder Sanur.)

Padang Bai ⑱. Fischerdorf an herrlich von Hügeln umrahmter Bucht. Der Hafen stellt die Verbindung zur Insel Lombok her und ist Anlegestelle für Kreuzfahrtschiffe. *42/43*

Sangeh ⑲. Der herrliche Wald von Sangeh, Bukit Sari, gilt als heilig. Allerdings hausen dort Horden von äußerst aggressiven, ebenfalls heiligen Affen: Der Legende nach sind sie die Heerscharen des Affenanführers Hanuman aus dem Ramayana-Epos. (Brillenträgern und Fotoamateuren ist ein längerer Aufenthalt dort nicht zu empfehlen!)

Sangsit, Singaraja ⑳ und die **Nordküste**. Der Norden ist sehr viel trockener und heißer als der Süden. In *Lovina Beach* kann man unter vielen Losmen und Restaurants auswählen. *Singaraja,* Hauptstadt des Distrikts Buleleng, war der Sitz des holländischen Gouverneurs. Häuser aus der holländischen Zeit stehen am Hafen, der schon vor tausend Jahren von Chinesen angelaufen wurde. Bedeutende Sammlung von Lontar-(Palmblatt-) Handschriften: Gedong Kirtya. Pura Beji in *Sangsit* ist der bedeutendste Tempel Nordbalis. Er ist Dewi Sri, der Reis- und Fruchtbarkeitsgöttin, geweiht. Ein sehr schönes Beispiel für den nordbalinesischen Stil mit seiner symmetrischen Architektur und überladenem Skulpturenschmuck. Sehenswert ist auch der Tempel von *Kubutambahan,* Pura Medruwe Karang, mit originellen Reliefs (u. a. ein Fahrrad mit Blütenspeichen).

Tabanan ㉑. Moderne Provinzhauptstadt inmitten fruchtbarer Reisfelder, mit großem Markt. Subak-Museum für den Reisanbau. Wunderschöne, feinsandigschwarze Strände südlich des Orts. Die überwiegend schlechten Straßen dorthin führen durch noch sehr ursprüngliche Dörfer.

Feierlicher Besuch aus der Armeespitze: General Suharto in Ubud.

Tampaksiring ㉒. Wallfahrtsziel vieler Balinesen ist *Tirta Empul,* ein Quellheiligtum, das der Gott Indra geschaffen haben soll. Zentrum dieses Heiligtums ist ein ummauerter Quellsee, dessen Wasser sich in zwei große Badebecken für die Gläubigen ergießt. Im hinteren Teil des Tempels trägt die Unterweltschildkröte den Göttersitz für Indra, den faszinierend schlichten, von Pflanzen überwucherten Penjenengan Tebesana. – Oberhalb der gesamten Anlage ein vom ehemaligen Präsidenten Sukarno gern bewohntes Gebäude ... Die Bevölkerung spricht immer noch von vielen «kleinen Sukarnos» in der Gegend.

Tanah Lot ㉓. An der Küste westlich von Denpasar liegt das Meeresheiligtum auf einem der Küste vorgelagerten Felsen. Nach der Allee von Souvenirständen ein zu jeder Tageszeit herrlicher Anblick: Hingehaucht wie auf einer japanischen Pinselzeichnung, bestimmt Tanah Lot das Bild – mal brandungsumschäumt, mal über stillblauem Meer. Bei Ebbe kann man den Tempel über eine Treppe erreichen. In den Höhlen am Fuß des Felsens leben Schlangen, die von der Bevölkerung verehrt werden. Am schönsten ist Tanah Lot, wenn gegen fünf Uhr nachmittags die Sonne glutrot im Meer versinkt.

Tenganan ㉔. Nördlich der Straße Denpasar – Amlapura verbirgt sich dieses Bali Aga-Dorf mitten im Urwald. Eine gute Straße führt bis vor dessen Befestigungen. Langgestreckte Anlage auf Terrassen mit ebenso langgestreckten Gehöften und Bales. Rinder und Wasserbüffel grasen zwischen spielenden Kindern. Die Menschen sind sehr freundlich und aufgeschlossen. – Für mich ist Tenganan das schönste Dorf Balis! – Kamben Grinsing, das Krankheiten abwehrende Tuch, wird nur hier in der Doppel-Ikat-Technik gewebt (schon der Kettfaden wird mustergemäß eingefärbt – Flammenmuster). Usabe Sambah ist ein drei Tage dauerndes Fest mit Ritualkämpfen zwischen jungen Männern und dem selten erklingenden Gamelan Selunding.

Ubud ㉕ **und Umgebung**. Ubud liegt inmitten von malerischen Reisfeldern und ist das Zentrum der Malerei. Viele Galerien und Ateliers sind zu besichtigen. Etliche Souvenirläden, Restaurants, Losmen, Tempel, Paläste – trotz des Touristenrummels ein sehr schöner Ort. Das *Museum Puri Lukisan* liegt herrlich zwischen Reisfeldern und zeigt Malerei und Kleinskulptur bis 1960; wechselnde Sonderausstellungen. In *Campuan* ist die NEKA-Gallery mit Werken der zeitgenössischen Malerei unbedingt sehenswert. Aus *Peliatan* kommt die berühmteste balinesische Tanzgruppe (weltweite Tourneen). *10, 11, 18, 32/33*

TEXTNACHWEIS

Jo van Ammers-Küller: *Indien. Erlebtes und Erschautes aus Niederländisch-Indien.* Meinold Verlagsgesellschaft. Dresden 1940.
Vicki Baum: *Liebe und Tod auf Bali.* Kiepenheuer & Witsch. Köln 1984.
Erwin Berghaus: *Propeller überm Paradies.* Dresden 1934.
Walter Dreesen: *Hundert Tage auf Bali.* Verlag Broscheck & Co. Hamburg 1937.
Robert Genin: *Die ferne Insel. Aufzeichnungen von meiner Fahrt nach Bali in Wort und Bild.* Wegweiser Verlag. Berlin 1928.
Gregor Krause/Karl With: *Bali.* Folkwang-Verlag GmbH. Hagen i.W. 1922.
Julia Menz: *Maha Djalan. West-östliche Reise.* Marion von Schröder Verlag. Hamburg 1940.
Alfred Russel Wallace: *Der Malayische Archipel.* Georg Westermann Verlag. Braunschweig 1869.

BILDNACHWEIS

Heinz Gumpelmayr, München: S. 47 o.l., 49 o.l., u.
Peter Lorenz, Stuttgart: Schutzumschlag-Rückseite, S. 25.
Ernst Hermann Ruth, Haag/Obb.: Haupttitel, S. 9, 21, 29, 30/31, 34, 35, 37, 39, 44, 45.
Otto Stadler, Geisenhausen: Schutzumschlag-Vorderseite, S. 4/5, 6/7, 10, 11, 12/13, 15, 16, 17 l./r., 18, 19, 22, 23, 26, 27, 32/33, 40/41, 42/43, 47 o.r., u.l., r., 48 (3), 49 o.r., 50 (3), 51 (3), 52 (2), 53 (3), 54 (2), 55 (2), 56.
Die Karte auf Seite 46 zeichnete Peter Schmid, München.

BUCHER'S FERNREISEN BALI
Konzeption: Axel Schenck
Lektorat: Heribert Däschlein
Graphische Gestaltung: Peter Schmid
Herstellung: Angelika Kerscher
Druck und Bindung: Druckerei Uhl, Radolfzell
Papier: gedruckt auf Classen Supra/SCA Fine Paper. Lieferant: Classen-Papier KG

Sonderausgabe für Cormoran in der Südwest Verlags GmbH & Co. KG, München

ISBN 3-517-07977-4